도심 속 숨은 시간의 풍경을 찾아 떠나는
반나절 역사 산책

서울 산책자

도심 속 숨은 시간의 풍경을 찾아 떠나는
반나절 역사 산책

서울 산책자

초판 인쇄	2025년 11월 14일
초판 1쇄 발행	2025년 11월 21일

지은이	안희선
편집	이정주
디자인	기민주
내지 일러스트	박도윤
펴낸곳	코리아다이브
펴낸이	안유정
출판사 신고번호	2021-000024
이메일	wataboog@gmail.com
팩스	02-6280-2932

코리아다이브는 왓어북의 임프린트입니다.
본 책은《Seoul Walker: Half-Day Walks Across Seoul's Historic and Cultural Spaces》의 한국어판입니다.

ISBN 979-11-992234-4-8 (03980)

서울 산책자

도심 속 숨은 시간의 풍경을 찾아 떠나는
반나절 역사 산책

안희선

Korea Dive

열한 번의 산책으로
다채로운 서울을 만나다

누구나 한 번쯤 들어 보고 걸어 보았던 북촌, 광화문, 청계천은 서울의 흔한 풍경으로 지나치기 쉽다. 하지만 그 속에는 역사 속 왕의 결단과 백성들의 땀, 전쟁의 상처와 극복의 노력이 겹겹이 쌓여 있다. 이 도시를 바쁘게 걷다가 우연히 돌담 틈과 거친 나무 기둥에서 먼 과거의 흔적을 발견하면 낯선 기분에 잠기기도 한다.

자, 걸음의 속도를 조금만 늦춰 보자. 서울은 전혀 다른 표정을 드러낼 것이다. 화려한 간판 사이 옛 건물의 처마 선이 보이고, 골목 구석에서 오래전 사람들의 자취가 느껴질 것이다. 도시는 주의 깊게 관찰하는 사람에게 자신의 다채로운 모습을 보여주기 마련이다.

《서울 산책자-도심 속 숨은 시간의 풍경을 찾아 떠나는 반나절 역사 산책》은 이처럼 서울이 품은 이야기를 알아 가며 걷고 싶은 이들을 위한 안내서이다. 이 책은 서울을 이루는 공간 하나하나에 담긴 사람들의 마음과 시대의 흔적을 함께 찾아 떠나는 작은 모험을 제안한다. 장소에 숨겨진 이야기와 역사에 끌리는 사람이라면 누구나 이 산책의 주인공이 될 수 있다.

광장, 궁궐, 한옥마을, 청계천, 한양도성, 조선왕릉, 박물관, 묘역공원, 전통시장, 한강공원, 그리고 서울숲까지, 서로 성격이 상이한 이 공간들은 함께 모여 서울이라는 도시의 시간 지도를 완성한다. 과거 서울 도심의 궁궐에서는 왕이 나라를 다스렸고, 청계천에서는 수많은 백성이 생계를 이어 갔다. 현대에 들어 광장에서는 시민이 모여 목소리를 냈다. 각 장소는 과거 한 시점에는 중심이었고, 오늘날엔 우리 모두의 일상 무대가 되었다. 이 장소들을 걷고 또 알아 가면, 서로 다른 시간들이 한 도시에서 어떻게 공존하고 있는지 깨닫게 될 것이다.

이 책은 영문판 《Seoul Walker: Half-Day Walks Across Seoul's Historic and Cultural Spaces》로도 번역 출간되어, 한국인과 외국인이 같은 이야기를 따라 나란히 산책할 수 있다. 외국인에게는 한국의 역사와 문화를 알려 주는 친절한 안내자가, 한국인에게는 서울을 새롭게 바라보게 하는 길잡이가 되어 줄 것이다.

　'알게 되면 좋아하게 되고, 좋아하게 되면 더 많이 알게 된다'라는 말이 있다. 여기서 '알게 된다'는 말은 한 장소에 쌓인 '시간의 결을 이해한다'는 의미이다. 이 책이 당신의 발걸음 위에 새로운 시간을 얹어 줄 수 있기를 바란다. 오늘 당신이 걷는 이 길이 내일 누군가에게는 서울의 또 다른 이야기로 남을 것이다.

2025년 11월

안희선

01

광장

📍

열린송현 녹지광장 ·
광화문광장 · 서울광장

· 산책 테마 ·
서울의 역사와 문화,
그리고 사람을 만나다

걸음 수 | 4천 보
소요 시간 | 1시간 30분

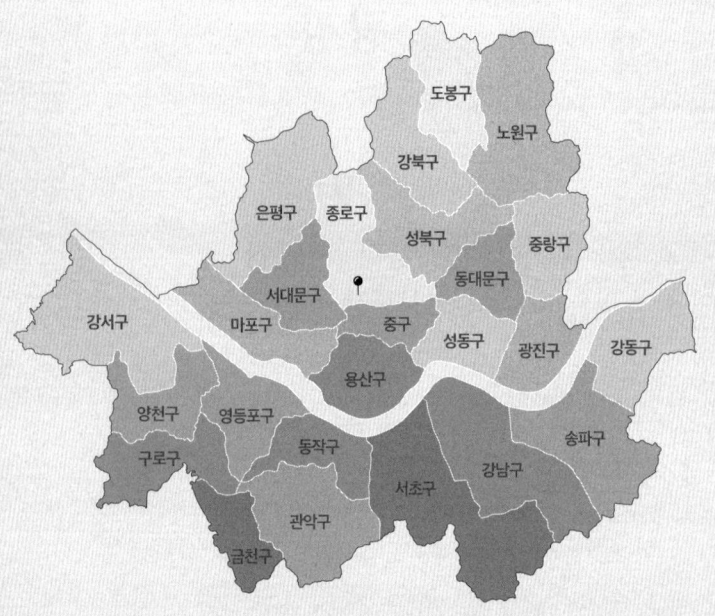

대한민국의 수도 서울에는 현재 960만 명에 이르는 사람이 거주한다.[1] 거주 외에도 학업, 업무, 관광 등 다양한 목적을 가진 사람들이 매일 서울을 찾는다. 형형색색의 발걸음이 모여 서울의 모습이 조금 더 다채로워진다. 이렇게 바쁘게 돌아가는 도심 속에도 잠시 멈추어 머물렀다가 다시 나아가는 쉼터가 존재한다. 바로 광장이다.

광장은 사람이 자유롭게 모이고 흩어지는 장소이다. 넓게 조성된 길을 자유롭게 걷는 사람, 색다른 이벤트에 참여하며 즐거움을 경험하는 사람, 벤치에 앉아 커피 한잔하며 한가로움을 즐기는 사람, 예쁜 조경

---

1 서울열린데이터광장, 〈서울시 등록인구 통계(2025년 4월 기준)〉

과 주변 풍경을 감상하는 사람들이 광장을 채운다. 서로의 카메라 속에서 아름다운 피사체가 되어 주는 연인, 아이들이 뛰노는 모습을 지켜보는 부모, "좋을 때지" 하며 이 모든 풍경을 바라보는 어르신들까지, 다양한 세대가 광장에 모여 생동감 넘치는 기운을 만들어 낸다.

사실 20년 전만 해도 고층 건물이 빽빽이 들어선 서울에서 자유로움과 한가로움을 느낄 수 있는 공간은 많지 않았다. 보고 즐길 거리는 많지만, 그 여운과 감동을 곱씹어 볼 만한 비어 있는 공간이 부족했던 것이다. 현재 서울에는 사람들이 유유히 걷고 멍때릴 수 있도록 비어 있는 공간이 많이 조성되어, 서울 시민들의 숨통을 틔워 준다.

광장도 그러한 장소 중 하나다. 광장을 한껏 경험해 보고 싶다면, 서울의 과거와 현재를 동시에 느낄 수 있는 열린송현 녹지광장, 광화문광장, 서울광장을 차례로 걸어 보길 추천한다. 세 개의 광장 모두 가까이 있어 한 번에 둘러보기 좋고, 서로 조금씩 다른 분위기를 비교하는 재미도 있다. 일과를 마무리하는 저녁 시간에 느긋하고 여유로운 마음으로 산책해도 좋은 공간들이다. 걷다가 해가 져도 괜찮다. 서울 도심의 야경은 그 자체로도 일품이니, 낮과는 또 다른 매력을 느끼며 산책할 수 있다.

열린송현 녹지광장

예전에는 3호선 안국역에 내리면 2번이나 3번 출구로 나가는 사람들이 많았다. 창덕궁과 북촌 골목을 보러 가기 위해서다. 그러나 이제는 1번 출구로 나오는 사람들이 부쩍 많아졌다. 바로 '열린송현 녹지광장(이하 열린송현)'으로 가기 위해서다. 열린송현은 2022년에 개장한 도심 속 정원형 녹지광장이다. 1만 1천 평이 넘는 사각형 대지를 빙 둘렀던 4m 높이 담장이 허물어진 자리에 너른 잔디밭과 꽃밭을 조성했다. 덕분에 사방으로 펼쳐진 서울의 중심부 풍경을 오롯이 즐길 수 있다.

열린송현은 여러 방향으로 시선을 두고 싶은 곳이다. 광장 너머로는 산의 능선이 유려하게 펼쳐져 있다. 북쪽의 북악산부터 서쪽의 인왕산까지, 바람결을 타고 부드럽게 이어지는 수묵화의 한 장면을 즐길 수 있다. 광장으로 시선을 조금 당기면 바깥쪽에 둘러 심어 놓은 야생화들이 보인다. 코스모스, 백일홍, 해바라기 등 계절별로 다채로운 색과 향을 머금는다. 꽃밭을 따라 거닐다 보면, 잠시나마 어느 시골 마을에 와 있는 듯한 착각이 들 정도다. 중앙에 조성된 잔디 광장 곳곳에는 독특한 형태의 벤치들을 설치해 편히 도심 속 푸르름을 느끼도록 했다.

양쪽에 각각 경복궁과 창덕궁이 있다 보니 한복을 입고 열린송현을 가로질러 지나가는 외국인 관광객이 많다. 이들의 표정에는 웃음 속 약간의 피곤함이 묻어난다. 잠시 벤치에 앉아 쉴 만도 한데, 광장 여기저기 피어 있는 아름다운 꽃을 발견하고는 꽃을 배경으로 사진을 찍는다. 휴일을 맞아 나들이 나온 가족들도 이곳을 채운다. 넓은 잔디밭을 거침없이 뛰어다니는 어린아이와 그 뒤를 따라가는 부모는 서울 한복판에서 뛰지 말라고 소리치지 않아도 되는 이 공간이 고마울지도 모르겠다. 꽃 내음을 맡거나 가까이 서서 예쁜 사진을 남기는 연인들의 사랑도 깊어지는 듯하다.

아주 오래전, 이곳에는 소나무가 빼곡히 들어서 있었다. 조선시대 지도를 보면 '소나무가 가득한 고갯길'이라고 해서 이름도 '송현(松峴)'이라고 적혀 있다. 시대가 흐르면서 소나무가 빼곡했던 자리에는 많은 변화가 있었다. 1906년에는 친일파 윤덕영의 집이 들어서기도 했고, 1919년에는 일본이 세운 조선식산은행의 사택이 세워졌다가, 광복 이후에는 미국대사관의 직원 숙소로 이용되었다. 한때 여러 기업의 소유지이기도 했지만, 최종적으로 서울시에서 이 부지를 사들여 정원형 광장으로 개방해 자연과 사람이 조화를 이루는 현재의 공간이 되었다. 시민들이 즐기는 진짜 '열린' 송현이 된 것이다. 광장 왼쪽 공간에 소나무를 몇 그루 심어 놓아 공간의 역사를 상징하고자 했다. 시계 방향으로 산책하며 커다란 소나무를 발견해 보자.

열린송현은 2029년, 두 공간으로 나누어 새단장할 예정이다. 왼쪽에는 자연과 문화를 동시에 느낄 수 있는 녹지 공원이, 오른쪽에는 '송현동 국립문화시설'(가칭)이 들어선다. 2022년, 삼성 고 이건희 회장의 유족은 이 회장이 생전에 수집한 문화유산과 한국의 근현대 미술작품, 서양 명화 등 23,000여 점을 국립중앙박물관을 비롯한 7개 기관에 기증했다. 이에, 나라에서는 아름다운 문화의 빛깔을 대중과 함께 향유하려 한 뜻에 보답하고자 국립문화시설을 건립하기로 했다. 이곳에는 기증품을 단순히 전시하는 것이 아니라, 수집과 기증이라는 사회 문화적인 의미까지 담길 것이라 하니 기대가 크다. 새롭게 완성될 복합 문화 광장을 기대하며, 키가 작은 꽃부터 저 멀리 하늘과 맞닿은 서울의 북악산과 인왕산까지 다양한 풍경을 눈에 담아 보기를 권한다. 그리고 그 안에서 시간을 보내는 많은 사람들의 웃음을 발견하기를.

두 번째 장소
광화문광장

열린송현에서 경복궁 쪽으로 걷다가 길을 건너면 어느새 광화문광장이다. 광화문광장은 외국인이 뽑은 서울의 랜드마크 중에서도 늘 세 손가락 안에 꼽힌다. 광장으로 진입하기 전에 웅장한 광화문과 그 양 옆을 지키는 해태를 바라보며 '광화문광장'이라는 이름의 의미를 살펴보자. 광화문광장은 서울의 역사를 상징하는 '광화문'에, 시민 사회를 상징하는 '광장'이란 단어를 붙여 만들어졌다. 이를 통해 도시의 과거와 현재를 모두 품고 있음을 알 수 있다. 서울의 역사적 장면 속 광화문은 어떤 모습이었을까?

태조 이성계는 조선 건국 후 도읍을 한양, 즉 현재의 서울로 옮겼고 왕의 집이자 집무실인 경복궁을 지었다. 그 궁의 정문이 광화문이다. 그때부터 지금까지 광화문은 서울의 유구한 역사를 품은 상징물로 여겨져 왔다. 광화문 양쪽에 우뚝 서 있는 2개의 해치상이 서울시를 대표하는 캐릭터의 토대가 된 것을 보면, 서울에서 광화문의 의미를 가늠할 수 있다.

광화문을 등지고 길을 건너 본격적으로 광장에 진입해 보자. 이곳은 앞서 다녀온 열린송현과는 다른 모양새로, 경복궁 정문 광화문부터 광화문역 교차로까지 차로를 따라 길게 형성되었다. 광장 한쪽에는 벤치에 앉은 사람들이 그늘에서 휴식을 취할 수 있도록 커다란 나무들이 길게 줄지어 심어져 있다. 사람들은 광화문광장 벤치에 앉아 바쁜 일상에서 벗어나 잠시 휴식을 취한다.

세종문화회관 방향으로 조금 걷다 보면 광장 한쪽으로 사람들이 계단을 내려가며 무언가를 뚫어져라 바라보는 모습이 보인다. 무엇을 그리 자세히 관찰하는 것일까? 과거 광화문광장 개편 공사를 진행할 때 조선시대 관청 기관의 흔적이 발견되었다. 바로 조선시대 관청에 소속된 신하들을 감찰하는 기관인 사헌부 터로, 관청의 출입문 터, 우물, 배수로 등이 발견된 것이다. 서울시에서는 매장된 부지의 유물을 발굴한 후, 땅을 덮지 않고 일부분을 그대로 개방해 사람들에게 보여 주기로 했다. 부지 보존을 위한 기둥과 지붕만 세웠을 뿐이다. 그 무엇도 시선을 가리는 것이 없어 이 터를 눈으로 직접 볼 수 있다.

이곳은 유물을 건물 안으로 옮기지 않고 광화문광장이 가진 역사성을 활용해 발굴터에서 주변 공간과 조화롭게 연결해 보여 준다는 점이 인상적이다. 사헌부 터의 갈색 흙바닥 사이사이에 박혀 있는 커다란 돌들을 보며 옛날 옛적 건물의 모양과 양반들이 일하는 모습을 상상해 본다. 전혀 경험하지 못한 과거를 아주 작은 흔적과 상상력을 동원해 머릿속에 그려 보는 일은 참 즐겁다.

중앙에 조성된 서울야외도서관 광화문 책마당에서 캠핑 의자나 빈백에 자리를 잡고 책을 읽는 시민들의 모습이 보인다(하·동절기 제외). 한강 작가가 노벨문학상을 수상한 이후 독서 열풍이 불어서인지 자리 경쟁이 치열하다. 그 아래쪽에서도 주말마다 다양한 행사가 열려서 많은 사람이 모여 즐거운 시간을 보낸다. 근처에는 세종대왕과 이순신 장군의 동상이 있다. 어떤 사람들은 광화문광장 하면 두 위인의 동상을 제일 먼저 떠올릴 만큼 상징성이 크다.

세종대왕 동상 앞에 일직선으로 다양한 모형 기구가 놓여 있다. 세종과 가장 가까이 있는 순서대로 앙부일구, 측우기, 혼천의이며 세종이 재위하고 있을 때 제작한 기구들이다. 모두 하늘과 자연의 움직임을 살피고 기록하기 위해 만들었다는 공통점이 있다.

광장을 반쯤 걷다 보면 귀여운 어린이들의 웃음소리가 들려온다. 아이들은 옷이 다 젖어도 상관없다는 표정으로 깔깔대며 분수 사이를 즐겁게 뛰어다닌다. 광화문광장의 또 다른 볼거리인 터널분수와 명량분수이다. 이순신 장군 앞에 있는 것이 명량분수로, 임진왜란에서 1597년 벌어진 명량해전 당시 격파한 적선(敵船)의 숫자에 맞춰 133개 물줄기가 리듬에 맞춰 올라온다. 역사는 시간의 리듬을 타고 현재와 함께한다. 분수를 뛰어다니며 해피 바이러스를 뿜어내는 아이들 덕분에 광장 산책이 더욱 즐겁게 느껴진다.

14세기 말부터 19세기 말까지 500여 년간 이곳은 넓고 긴 대로였다. 광화문 앞길 양쪽으로 나라의 주요 행정기관이 줄지어 늘어섰고, 그 사이에 넓고 긴 길이 있어 왕이 궁궐 밖으로 행차할 수 있었다. 왕이 커다란 가마를 타고 지나가는 모습은 백성들에게 화려한 볼거리로 여겨졌다. 그러나 이는 특별한 날에만 볼 수 있는 광경이었고, 매일 이 공간을 채우는 사람들은 주로 관청에서 일하는 양반들이었다.

　50년 넘게 이어지던 이곳의 외형은 20세기 초 크게 달라졌다. 시간이 지나 국권을 빼앗긴 일제강점기에 는 일본이 경복궁에 조선총독부 청사를 세우면서 앞 길에 있던 조선의 관청을 헐고, 길 한가운데 은행나무 들을 세웠다. 당시 사람들은 시선도 막히고 위압감이 드는 이 공간을 자유롭게 걷기 어려웠을 것이다.

　이후 은행나무들을 없애고 광장을 조성하긴 했으 나, 초기에는 접근성이 좋지 않았다. 광장 양쪽으로 차 들이 쌩쌩 달리는 도로가 있어 횡단보도를 건너야만 진입할 수 있었고, 들어오더라도 머무는 공간이 아니 라 반대편 도로로 가기 위해 통과하는 공간에 불과했 다. 누군가는 이곳을 '세종대왕과 이순신 장군 동상이 있는 도로 속 긴 섬' 같다고 말할 정도였다.

　한편, 시간이 갈수록 서울의 도심화와 환경오염이 극심해지고 시민들의 피로감이 쌓여 가면서, 사회적 으로 공공시설과 녹지 공간을 늘려야 한다는 목소리 도 커졌다. 이러한 요구에 따라, 도로를 대폭 축소하고 재조성 공사를 거쳐 지금처럼 탁 트이고 널찍한 광장 의 모습을 갖추게 되었다.

현재 광화문광장은 '보행자 중심의 공원 같은 광장' 답게 전체 면적의 4분의 1이 푸른 나무로 채워져 있으며, 도시와 자연이 어우러진 편안한 쉼터가 되었다.[2]

세 번째 장소
서울광장

광화문광장을 나와 덕수궁 쪽으로 걸어가자. 서울 시청 앞에 다다라 잔디가 깔린 동그란 광장이 눈에 보인다면, 잘 찾아왔다. 이제 서울광장이다. 평일이 아니라 주말에 걷고 있다면 소음이 크다고 느낄 수도 있다. 주말에 각종 집회와 시위가 자주 열리는 곳이기 때문이다.

이곳에서는 서울시에서 주관하는 다양한 문화 행사가 열린다. 그중 가장 눈에 띄는 것은 '책읽는 서울광장' 행사인데 빈백, 북 텐트, 캠핑용 의자 등에서 서울시에서 추천하는 책을 읽을 수 있다. 삼일절이나 광복절 등 국가 기념일에는 나라를 위해 희생한 위인들의 삶을 다룬 책들을 집중 소개하기도 한다. 시시각각 변

2 서울정보소통광장. 〈그때는 차도, 지금은 열린 광장! 광화문광장 변천사〉

하는 날씨와 계절을 깊이 느낄 수 있는 야외에서 책을 읽는 묘미는 꽤나 색다르다.

춥지 않은 봄, 여름, 가을에는 건강한 도시 문화를 이끌기 위한 힐링 요가 프로그램이 열리기도 한다. 광장에 요가 매트가 펼쳐지고, 서로 모르는 사람들이 한 곳에 모여 강사의 말에 집중하며 열심히 몸을 움직여 본다. 바쁜 일상을 살며 굳어진 몸을 풀어 주고, 지친 마음에 여유와 휴식을 선물하는 특별한 시간이다. 주 1회 정도 열리는 '문화가 흐르는 서울광장' 행사에서는 다채로운 음악 공연이 펼쳐진다. 리듬에 맞춰 고개를 흔들고 가볍게 춤추는 사람들이 보인다.

날씨가 추워져도 광장은 쉬지 않는다. 겨울철 광장은 도심 속 작은 겨울왕국이 된다. 공공 스케이트장으로 변신한 서울광장에 추위를 잊은 사람들이 모인다. 아이부터 어른까지 너 나 할 것 없이 서울의 겨울을 한껏 즐긴다. 밤에는 화려한 조명도 켜져서 영화의 한 장면 같은 분위기가 연출된다(사람이 많으므로 영화에서처럼 빙판을 쌩쌩 달리진 못할 것이다).

서울광장은 앞서 걸었던 두 광장처럼 역사가 오래되지는 않았지만 이야기만큼은 흥미롭다. 예전에 이곳에 궁이 있었다면 믿을 수 있을까? 현재 서울광장의 일부는 과거 덕수궁이었다. 1897년 대한제국 선포 후 궐내각사를 비롯하여 국가 운영에 필요한 여러 전각을 지으면서 현재 서울광장의 일부까지 영역을 확장했다. 그런데 일제강점기에 경복궁 앞 거리부터 남대문까지 도로를 연결한다는 이유로 덕수궁의 면적을 축소해 도로를 개설했다. 1968년에는 덕수궁 정문 오른쪽 담장이 뒤로 밀려났고, 1970년 덕수궁 정문마저 현재 위치로 바뀌었다.

그랬던 이곳이 광장으로 다시 태어나, 사람이 광장의 주인이 되었다. 민주주의를 열망하는 국민들은 이곳에서 촛불을 들고 집회에 참여했고, 월드컵이 열리면 한국의 축구 경기가 있는 날에는 붉은 티셔츠를 입은 사람들이 이곳에 쏟아져 나와 "대~한민국!"을 외쳤다. 이렇듯 서울광장은 사람들에게 매우 특별한 추억이 있는 공간이다.

광장의 주인은 현재 이곳을 걷고 이곳에 머무는 사람들이다. 약속이 없는 날, 특별한 계획 없이 서울을 거닐 여유가 생긴다면 세 곳의 광장에 머물러 보자. 오랜 시간 선조들이 다져 놓은 시간 위에 우리의 시간이 쌓여 가는 것을 느낄 수 있을 것이다.

한국인이 좋아하는 두 위인, 세종대왕과 이순신 장군

광화문광장에는 세종대왕과 이순신 장군의 동상이 서 있다. 시민 사회를 상징하는 장소와 과거 왕조 시대의 위인 동상이 어울리지 않는다고 생각하는 사람도 간혹 있지만, 많은 한국인이 '광화문광장' 하면 두 동상을 떠올릴 정도로 상징성이 강하다. 장소적 의미가 동상으로 완성되는 것이다.

세종은 조선시대 사회 문제를 해결하기 위해 전방위로 노력한 왕이었다. 그래서 '대왕'이라는 칭호를 붙여 부른다. 백성들의 자유로운 소통을 위해 나라의 새 글자를 창제했으며, 우리나라 과학 발전의 초석을 다졌다. 훌륭한 인재를 등용해 조선의 하늘을 관찰하여 나라의 실정에 맞는 시계를 만들고, 별자리를 읽어 달력을 고안해 냈다. 조선왕조의 역대 왕들이 백성이 불편해하는 점이 무엇인지 알고도 여러 이유로 선뜻 해결에 나서지 못했다. 하지만 세종은 백성들의 어려움을 해결하기 위해 적극적으로 나섰다. 세종은 백성을 위하는 마음, 즉 '위민(爲民)'을 보여 준 왕이었다. 한국 사회에서 나라의 주인인 국민을 대신해 권력을 잡은 정치가 및 행정가들이 갖춰야 할 마음가짐이 바로 이 위민 정신일지도 모른다.

이순신 장군은 무장으로서 1592년에 일본(당시 왜)이 조선을 침략한 임진왜란에서 나라와 백성을 구한 위인이다. 마지막 전투인 노량해전에서 돌아가는 적선을 끝까지 쫓아가며 조선의 의지와 힘을 보여 주었으나 안타깝게 전사했다. 그의 위대한 업적과 희생은 광화문광장의 이순신 동상 주변 표지석에서 확인할 수 있다. 이순신 장군의 활약상은 표지판에 영어로도 설명되어 있으니, 외국인도 이순신 동상과 명량분수 주변을 돌아보며 이 시기 역사를 잘 알게 될 것이다.

📖

- **훈민정음** | 광화문광장의 세종대왕 동상을 보면 왼손에 책을 쥐고 있다. 이 책이 바로 훈민정음이다. 훈민정음은 세종대왕이 창제한 '우리 글자' 이름이다. 세종대왕은 1443년 나라의 고유 글자를 창제하며 '백성을 가르치는 바른 소리'라는 뜻의 '훈민정음'이라는 이름을 붙였다. 또한 이 글자를 만들게 된

계기, 자세한 설명, 사용 예시를 적은 해설서도 '훈민정음'이라 하였다. 해설과 예시를 담았다는 뜻으로 '해례본'이라는 단어를 덧붙여 명시하기도 한다.

훈민정음은 한국뿐 아니라 세계적으로도 의미가 깊다. 역사적으로 한 나라의 임금이 백성과의 소통을 위해, 그리고 각 신분 계층 간 원활한 소통을 위해 글자를 창제했다는 점이 그러하다. 그 전까지만 해도 중국의 글자인 한자를 사용했는데, 너무 어렵기도 하고 백성들이 실제 쓰는 말을 제대로 나타내지 못해 어려움이 많았다. 그 문제를 왕이 직접 해결한 것이다. 사회적으로 가장 높은 권력을 가진 사람이 낮은 계층인 백성의 마음을 헤아려 문제를 해결한 위대한 업적이다. 또한 언어학적으로도 세계 유일무이한 가치가 있다. 전 세계에서 사용하는 글자 중 유일하게 누가, 언제, 어떻게, 왜 창제했는지 정확히 기록되어 있기 때문이다.

- **앙부일구** | 해시계인 앙부일구는 햇빛이 비치는 낮에 시간을 측정할 수 있는 기구이다. 오목한 그릇 안에 그림자를 만들어 주는 침이 비스듬히 꽂혀 있고, 구간별로 가로와 세로로 선이 그어져 있다. 꽂힌 침

의 그림자가 위치하는 선에 따라 시간을 읽는다. 가로선을 따라가면 양쪽에 쓰여 있는 우리나라 전통 24절기(날씨와 농사 시기에 맞춰 일 년을 24등분한 것)에 맞춰 계절도 읽을 수 있다.

- **측우기** | 측우기는 강우량을 측정하는 도구로, 기다란 원기둥 모양의 그릇에 고인 빗물의 양을 측정하여 기록한다. 조선시대에는 농업이 중요했기에 비가 얼마나 오는지를 정확히 알고자 했다. 백성의 삶과도 직결되는 문제였기 때문에 세자인 문종까지 직접 연구에 참여했다. 자연의 이치를 수치로 기록해 백성의 삶에 보탬이 되고자 한 세종대왕의 열망을 엿볼 수 있다.

- **혼천의** | 혼천의는 천체의 운행과 위치를 관측하는 기구로, 한국의 1만 원권 지폐 뒷면에 그려져 있기도 하다. 혼천의를 통해 절기와 계절의 변화를 정밀하게 읽을 수 있다. 생각해 보면 세종대왕은 오늘날 국립과천과학관과 기상청의 수장 역할까지 수행한 셈이다.

02

궁궐

📍

창덕궁

· 산책 테마 ·

조선시대 왕이 살았던 장소에

가 보고 싶다면?

걸음 수 | 9천 보

소요 시간 | 3시간

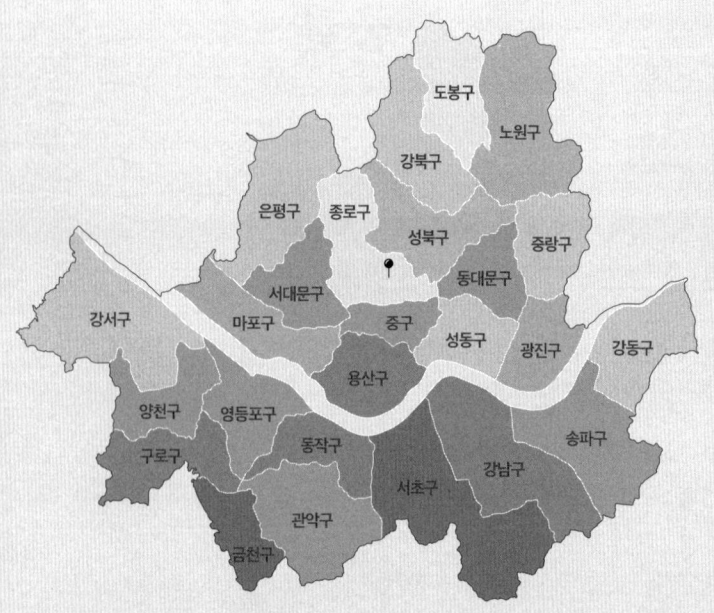

한국의 가장 현대적인 도시 서울에서 문 하나만 통과하면 시간의 경계가 허물어지는 곳이 있다. 바로, 궁궐이다. 궁궐은 역사적인 관점에서 서울을 이해할 수 있는 최고의 공간이다. 서울은 14세기부터 20세기 초반까지 오랜 역사를 쌓아 온 조선왕조의 상징인 궁궐을 정성 들여 보존하고 있다. 조선과 대한제국 시절의 궁궐이 서울에 다섯 곳이나 있지만 하루에 모두 돌아보기는 쉽지 않다. 반나절 정도 시간이 있다면 궁궐을 하나 택해 여유 있게 걸으며 공간의 매력을 깊이 즐겨 보자. 여러 궁 중에서도 창덕궁을 추천한다.

창덕궁은 어떤 점이 특별할까? 본래 창덕궁은 화재나 전쟁 등에 대비하기 위한 두 번째 궁으로 지어졌다. 창덕궁은 조선왕조의 출발 시점에는 조연이었지만,

조선왕조 중반에 벌어진 임진왜란 이후 경복궁 대신 으뜸 궁궐의 지위를 이어받아 조선왕조의 역사가 끝날 때까지 조선의 주인공으로서 톡톡히 역할을 수행했다.

이쯤에서 '가장 먼저 지어진 경복궁이 나라의 시작을 알린 궁이니 관람하는 의미가 더 크지 않을까?'라고 생각하는 사람도 있을 것이다. 사실 절대적인 관람객 수로 따지자면 다른 궁들은 경복궁을 절대 이길 수 없다. 그런데 여기서 창덕궁을 추천하는 이유는, 한국 역사의 특징을 고려하면서도 걷는 재미를 신선하게 느낄 수 있는 장소로 제격이기 때문이다.

경복궁과 창덕궁을 비교해 보자. 우선, 대표 궁궐인 경복궁은 나라의 높은 위엄을 보여 줘야 했기에 건축물이 너른 평지에 남북 일직선으로 배열되어 있다. 긴장감은 넘치지만, 한국 전통 건축물에 관심이 많거나 조예가 깊은 사람이 아니라면 돌아보며 자칫 지루함을 느낄 수도 있다. 또한 경복궁의 아름다운 연못과 정자, 색을 칠하지 않은 전각, 청나라의 영향을 받은 이채로운 왕실 도서관 등 독특한 볼거리를 즐기려면 궁궐의 끝부분까지 참고 걸어가야 한다.

이에 비해 창덕궁은 지형적으로 서쪽에서 동쪽으로

은근한 오르막 경사가 있다. 북악산 줄기를 따라 이어진 응봉 자락과 길게 뻗은 언덕을 깎지 않고 지어졌기 때문이다. 자연이 주는 기운이 인간의 길흉화복을 좌우한다고 믿었기에 최대한 지형 그대로의 모습을 유지하며 궁궐을 조성했다. 이로 인해 다양한 건축물이 일정한 규칙을 따르지 않고 자리하여 수시로 시선을 바꾸며 다니는 재미가 있다. 또한 후원을 걸으면 언뜻 비현실적으로 느껴질 정도로 기품이 넘치는 아름다운 왕의 정원을 만날 수 있다. 서울에 자리한 다섯 궁궐 중 유일하게 창덕궁만 유네스코 세계유산에 등재되었다는 점도 빼놓을 수 없다.

단돈 몇천 원에 불과한 입장료를 내고 궁 안으로 들어가 보자. 입장 후 먼저 궁의 전체적인 모양을 머릿속에 그려 보자. 창덕궁은 전체적으로 왼쪽에서 오른쪽으로 이동하며 여러 전각이 들쭉날쭉 규칙 없이 배열되어 있다. 이 때문에 관람하는 동안 구불구불한 모퉁이를 많이 도는 느낌을 받을 것이다.

우리는 다수가 걷는 방향을 거슬러 조금 색다른 경로로 걸어 보자. 돌다리를 건너 안으로 진입하는 것이 아니라 가장 왼쪽에 자리 잡은 관청 영역인 내각, 즉 궐내각사에 먼저 들어가 보는 것이다. 궐내각사는 왕

을 보좌하기 위해 신하들이 일하던 업무 공간으로 규장각, 검서청, 예문관, 내의원 등이 해당된다. 이곳으로 들어가 보면 내부가 미로 같아서, 여기가 어딘지 출구는 대체 어딘지 알 수 없는 지경에 이르게 된다. 당황스러울 수도 있지만, 마음을 차분히 가라앉히고 오늘 처음 관직을 얻어 들어온 신입 관료라고 생각하면서 다녀 보자. 신입 관료의 시선으로 '이곳에서는 어떤 일을 하게 될까?' 혹은 '여기서 일하는 사람 모두 밖에서 신발을 벗고 안에 들어가 서류를 보았겠구나' 같은 상상을 하며 말이다.

차분한 마음으로 궁 전체 영역의 오른쪽 방향으로 걷다 보면, 가장 높은 건축물이 들어선 창덕궁의 중심부로 빠져나올 수 있다. 바로 인정전이다. 여기서 잠시 생각해 보자. 궁궐에서는 공적 영역과 사적 영역 중에 어떤 곳이 더 화려할까? 당연히 정치를 펼치는 공적 영역이 더 화려하다. 나라의 공식 행사를 여는 곳이기도 하고, 외국에서 온 손님에게 궁궐을 보여주며 조선의 높은 문화 수준을 느끼게 하기 위함이다. 창덕궁의 정전인 인정전에서는 왕의 즉위식이 열리고, 외국 사신을 접견하거나 연회를 여는 등 국가 행사가 치러졌다.

인정전에서 창덕궁의 매력을 여럿 찾을 수 있으니, 요리조리 고개를 돌리거나 자리를 옮겨 다니며 공간을 느껴 보자. 먼저 돌을 넓게 깔아 놓은 마당에 서 본다. 고개를 들면 돌 기단 위에 서 있는 건물의 웅장함이 느껴진다. 왕권을 상징하는 건물답게 지붕을 중층으로 쌓았다. 몸을 돌려 마당을 둘러보면 왕에게 충성을 맹세한 신하들의 자세를 체험할 수 있다. 왕과 신하가 서는 곳의 높이를 다르게 하여 신분의 위계를 시각적으로 보여 주고자 했다.

다음은 시야를 조금 넓혀 인정전 뒤쪽 나무들을 살펴보자. 궁을 지으면서도 인정전 뒤에 있던 언덕과 숲을 그대로 두어 땅이 가진 힘을 손상하지 않았다. 이것이 다른 궁궐과의 차이로, 창덕궁 창건 이전부터 존재하던 자연과 함께하고자 하는 의도가 잘 녹아들어 있다. 이는 동서양 건축 문화의 차이점이기도 하다. 한국의 전통 조경은 사람이 조성한 것이든 원래 있던 것을 이용하든, 건축물보다 뒤에 위치하도록 한다. 공간을 사용하는 사람들만 오롯이 즐기기 위한 이유도 있지만, 집 뒤에 산을 두고 집 앞에 물을 흘려 보내 자연의 좋은 기운을 받고자 한 의도 때문이다.

이번에는 인정전 지붕 맨 윗부분을 유심히 살펴보

자. 청동으로 제작된 다섯 개의 꽃이 활짝 피어 있다. 대한제국 황실을 상징하는 오얏꽃 문양이다. 지붕 끝 오얏꽃과 멀리 푸른 하늘을 교차해서 바라보고, 오얏꽃이 있는 지붕과 하늘이 함께 담긴 사진을 찍어 보자. 서울 하늘은 번영을 꿈꾸며 창덕궁이 지어진 15세기 초부터 나라를 빼앗긴 20세기 초까지, 조선에서 대한제국에 이르는 폭넓은 역사를 품고 현재 우리가 서 있는 시간도 쌓아 가고 있다.

　문득 궁금한 점이 생긴다. 자연 지형을, 그러니까 땅의 높이와 모양을 최대한 지키며 창덕궁을 지었다는 사실을 사전 지식 없이 걸으면서도 알 수 있을까? 창덕궁은 왼쪽에서 오른쪽으로 갈수록 지형이 점점 높아진다. 궁궐의 가장 왼쪽에서부터 오른쪽 방향으로 걷다 보면 계단을 통해 한 단계씩 언덕을 오르게 된다. 그렇게 자연스럽게 발걸음을 옮기다 보면, 높은 산길은 아니지만 땅을 깎아 평평하게 만들지 않고 원래 지형을 그대로 살려 건물을 배치했다는 특징이 은근하게 느껴진다. 창덕궁 후원으로 향하는 길목에 서서 걸어온 방향으로 고개를 돌려 보면, 낮은 곳부터 높은 곳까지 전각의 지붕들이 부드럽게 이어지며 펼쳐진 풍경을 감상할 수 있다.

그렇게 창덕궁 오른쪽 깊은 곳까지 왔다면 이제 조선 왕실 사람들의 생활 영역을 만날 수 있다. 왕실 사람들의 생활 공간은 보통 궁궐 깊숙한 곳에 위치한다. 일반적으로 왕과 왕비 침전(침방이 있는 건물 영역)을 중심으로 대비(선왕의 정비)와 세자(다음 왕의 자리에 오를 왕자)의 공간이 주위에 펼쳐져 있다. 창덕궁의 경우 희정당 뒤쪽 대조전은 왕비가, 오른쪽 성정각을 비롯한 주변 건물은 조선의 미래를 만들 세자가, 창덕궁 가장 오른쪽 아래 영역인 낙선재는 왕을 비롯한 왕실의 여러 구성원이 사용했다.

이제 창덕궁의 하이라이트인 후원을 만날 차례이다. 후원은 창덕궁 전체 면적(20여만 평)의 상당 부분을 차지한다. 그만큼 창덕궁을 온전히 즐기기 위해서는 후원에 꼭 가야 하는데 이곳에서 가장 주목할 것은 전체적인 분위기다. 산의 능선을 따라 후원을 조성했기에 어떤 곳은 오르막 경사에 맞춰 정자를 짓고, 어떤 곳은 산에서 내려오는 물길을 가둬 연못을 만들어 놓았다. 중간중간에 바람과 파도가 빚은 돌들이 조각 공예품처럼 놓여 있다. 자연의 모습을 최대한 보존하면서 풍경과 조화를 이룰 수 있는 인공의 건축물을 심었다.

이 길을 걸으며, 조선의 왕은 이곳을 거닐며 어떤 생

각을 하고 무엇을 했을지 상상해 보자. 업무에 지친 왕은 잠시 틈을 내어 후원을 거닐며 머리를 식혔을 것이다. 바람이 코끝을 스치는 순간에는 자기도 모르게 답답했던 마음을 숨으로 내뱉고, 아끼는 신하들과 대화를 나누며 나라의 미래를 논했을 것이다. 때로는 이곳에 서식하는 동물들을 보며 미소 지었을지도 모르겠다. 지금도 후원에는 고양이, 다람쥐, 부엉이, 너구리 등 다양한 동물이 산다. 여전히 치열하게 오늘을 살아가는 생명들을 바라보며 우리 역시 각자의 자리에서 충분히 애쓰고 있다는 위로를 건네 보자.

후원은 계절마다 색다른 풍경을 보여준다. 창덕궁은 이 후원 덕분에 한 번만 둘러보고 마는 궁궐이 아니라, 계절마다 방문해 달라지는 매력을 느낄 수 있는 공간이 되었다. 예전에 창덕궁에 가 봤더라도 계절과 날씨, 기분이 달라졌다면 다시 한번 후원으로 발걸음을 옮겨 보면 어떨까?

🔍 더 알아보기

한옥의 필수 요소, 기와와 단청

기와는 한국 전통 건축물의 지붕을 덮는 데 쓰이는

구성 재료 중 하나이다. 보통 흙을 구워 만들고, 흑색이 일반적이다. 조선시대 일반 백성이나 계층이 가장 낮은 천민은 경제·사회적인 이유로 지푸라기를 얹은 초가집을 지었지만, 높은 계층인 양반이나 부유한 사람들은 기와지붕을 얹어 자신들의 지위를 보여 줬다. 무엇보다 기와는 튼튼한 건물을 짓기 위한 재료였기에 궁궐에도 여지없이 모든 건축물의 지붕을 기와로 얹었다.

기와의 색은 보통 흑색이지만, 청색 빛깔이 나는 안료를 써서 강한 왕권을 표현하기도 했다. 조선 중기 광해군이 자신의 권위를 드러내고자 청기와를 얹은 전각들을 가득 채워 인경궁을 지었던 역사도 있다(지금은 남아 있지 않다). 그때 쓰인 청기와들은 창덕궁을 보수할 때 쓰였다. 시간이 흐르면서 몇 차례 크게 발생한 화재로 인해 청기와지붕은 창덕궁 선정전 단 한 채에만 남게 되었다.

단청은 한국의 전통 목조 건축물에 다양한 색과 무늬로 그린 장식을 가리킨다. 주로 붉은색과 푸른색을 사용해 칠한다고 해서 단청(丹靑)이라 한다. 단청은 본래 습기와 벌레로부터 나무를 보호하기 위한 실용적 목적이 있지만, 궁궐 건축물은 나라를 대표하는 의

미가 있으니 더욱 돋보이도록 귀한 마음을 담아 칠한
다. 조선시대 일반 백성들의 집에는 단청할 수 없었고,
궁궐이나 사찰 같은 곳에만 단청을 했다.

단청의 기본색은 청색, 적색, 황색, 백색, 흑색 등 총
다섯이다. 이 다섯 가지 색을 우주의 각 방향을 나타내
는 색이라 하여 오방색(五方色)이라 부른다. 보통 여러
종류의 돌에서 추출한 안료를 사용하며, 기본색들을
섞어서 다른 색도 만든다. 서양에서는 흔히 볼 수 없는
색이다.

조선 궁궐의 단청은 '한국의 아름다운 전통 예술'이
다. 조선의 이념과 생각을 상징하는 문양과 색을 담았
기 때문이다. 복을 기원하거나 좋은 일이 생기길 바라
는 뜻의 연꽃, 구름, 당초(덩굴나무가 휘어져 올라가는 모
습)와 왕의 권위를 상징하는 용과 봉황 등 다양한 문
양이 건축물 내외부에 칠해졌다. 고개를 들어 궁궐의
내부 천장을 보면, 단청으로 꼼꼼히 채운 화려한 문양
을 볼 수 있다.

궁궐을 감상하다가 색이 바랜 단청을 본다면, 흘러
버린 시간의 흔적을 자세히 본다는 특별함으로 받아
들이면 좋겠다. 단청은 쉽게 보수할 수 없다. 전통 안
료의 공급이 수월하지 않기도 하고, 자칫 잘못하면 되

돌릴 수 없기 때문이다. 궁궐 같은 유적은 잘 관리하여 후대에 계승하는 것도 중요하지만, 당시 모습을 최대한 보존하는 것도 굉장히 중요하다.

- **전각** | 전각은 궁궐에 있는 주요 건물들을 부르는 말이다. 용도를 함께하는 주변 보조 건물까지 아울러 일컫기도 한다. 그중에서도 왕과 왕비가 사용하는 건물에는 주로 건물 이름 끝에 '전'을 붙여 위계를 표현했다.

- **정자** | 한국의 전통 건축물 중 벽체 없이 기둥과 지붕으로 구성된 건물을 일컫는다. 궁궐 안에서는 주로 후원의 연못 안이나 가장자리에 배치해서 주변 경치를 바라볼 수 있게 한다. 앉을 수 있는 바닥이 있으나, 보통 난방 장치는 설치하지 않는다.

- **현판** | 글자를 새긴 평평한 나무 널빤지를 말한다. 주로 문이나 건물 지붕 아래에 단다. 첫 번째 목적은 궁궐 안에 건축물이 많기에 현판을 걸어 영역을 구

분하기 위함이다. 두 번째로는 문을 통과하여 새로운 공간에 진입하거나 건물 안으로 들어가 일련의 행위를 할 때 어떤 마음가짐과 태도를 지녀야 할지를 알려 주고자 하는 의도이다.

- **문의 높이** | 궁궐을 다니다 보면 어떤 문은 너무 낮아 허리를 푹 숙여 들어가야 하고, 어떤 문은 높은 기둥을 세워 위풍당당한 모습을 뽐낸다. 각 문의 높이 차이는 이곳을 주로 지나다니는 사람들 신분의 높고 낮음을 표현한 것이다. 조선시대에는 신분의 위계질서가 있었고, 높은 사람과 낮은 사람이 드나드는 문을 구분했다. 궁궐에서 신하들이 사용하는 문은 일부러 낮게 만들어 공손하고 겸손한 마음으로 다니게 했다. 반면, 왕은 언제나 몸을 곧게 펴서 사람들을 바라보며 문을 통과했다. 이제 궁궐을 관람할 때는 여러 높이의 문을 지나다니며 다양한 신분의 입장 방식을 체험해 보자.

서울
산책자

03

한옥마을

📍

북촌한옥마을

· 산책 테마 ·
한옥 그 너머의 이야기를
따라가 보는 시간 여행

걸음 수 | 6천 보
소요 시간 | 2시간

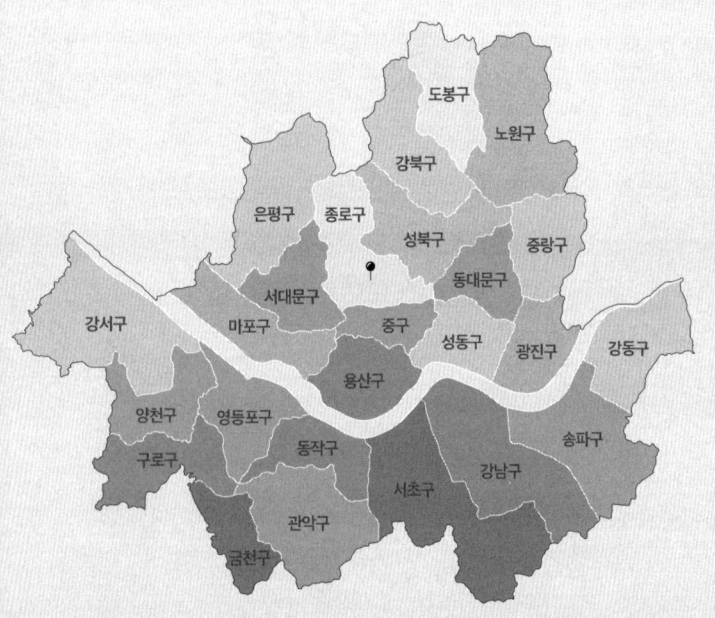

한국 역사 속 가옥의 형태는 지붕에 지푸라기를 얹은 초가집과 흙을 구워 만든 흑색 기와를 얹은 기와집이 대표적이다. 20세기 중반부터는 유적 보존지나 민속촌처럼 과거를 체험하기 위한 장소를 제외하고는 더 이상 초가집을 볼 수 없게 되었다. 따라서 현재 한국에서 사람이 거주하는 전통 가옥을 보고 싶다면, 기와를 얹은 기와집이 유일한 선택지이다.[3]

많은 사람이 옛 서울의 자취를 느끼고자 북촌한옥마을을 찾는다. 여기서 소개하지 않아도 이미 사람들로 가득한 핫 플레이스인데 굳이 한 챕터를 할애해 이야기 나누고 싶은 이유는, 이 마을을 제대로 경험하고

---

3 이 글에서는 기와집만을 한옥이라 표기함.

북촌 한옥을 깊이 이해하길 바라는 마음 때문이다. 한옥마을 골목을 거닐며 고풍스러운 분위기를 느끼곤 하지만, 이는 소위 수박 겉핥기에 불과하다. 이제, 북촌한옥마을을 걸으며 북촌 한옥에 담긴 그간의 사정을 제대로 알아보자. 서울 북촌에 있는 한옥들이 지금과 같은 모습으로 존재하는 이유를 알고 나면, 이 골목의 이미지가 완전히 다르게 다가올 것이다.

한 가지 궁금증을 해소하고 여행을 시작하자. 먼저 서울의 북촌에서 한옥을 보면 좋은 이유는 뭘까? 사실 궁궐에 가도 한옥을 볼 수 있다. 하지만 궁궐의 한옥은 특수한 곳으로, 일반 사람들의 삶을 가늠해 볼 수는 없다.

그렇다면 서울에 있는 다른 한옥마을은 어떨까? 은평한옥마을과 남산골한옥마을도 좋은 공간이다. 그런데 은평한옥마을은 최근에 조성되어 오랜 시간의 궤적을 온전히 느끼기는 어렵다. 남산골한옥마을은 서울에 있던 한옥 다섯 채를 남산 자락 아래로 옮겨 와서 인위적으로 조성한 공간이다. 사람이 실제로 사는 집이 아니라 관광지처럼 꾸며 놓은 곳이라 자연스러움이 느껴지지는 않는다. 그에 비해 북촌한옥마을은 오래전부터 사람들이 거주하며 자연스럽게 형성된 마을

이기에, 그 지역 사람들의 일상에 스며드는 기분으로 한옥을 감상할 수 있다.

이번 북촌 산책은 평일 오전 9시에 시작하려고 한다. 왜 평일 이른 시간에 산책해야 할까? 인터넷에서 북촌한옥마을을 검색하면 조용하고 한가로운 분위기의 아름다운 골목 사진이 많이 나온다. 그러나 주말 오후에 북촌한옥마을에 들어서면 정반대의 풍경을 마주할 것이다. 좁은 골목골목마다 빽빽이 들어찬 사람들을 보고 크게 당황할지도 모른다. 한옥이 아니라 사람 구경을 하고 있는 게 아닐까 하는 회의감이 들 수도 있다.

현재 북촌한옥마을은 오버투어리즘으로 몸살을 앓고 있다. 지나치게 많은 관광객이 찾아와서 소음이 발생하고, 인증 사진과 영상을 촬영한다는 이유로 남의 집 대문의 문고리를 잡아당기거나 두드리는 행위로 주민들의 사생활 침해 문제가 심각하다. 입장을 바꿔 나도 모르는 사이에 우리 집이 매일 누군가에게 구경당하고 있다고 생각해 보면 이해가 될 것이다. 〈트루먼 쇼〉의 현실판처럼 느껴지기도 한다.

그래서 최근 북촌 주민들의 생활 환경 보호를 위해 일부 구간이 특별관광지역(레드존)으로 지정되었다.

해당 골목을 걸을 수 있는 시간이 오전 10시부터 저녁 5시까지로 제한되고, 일요일은 방문을 금지한다. 사실 이곳은 처음부터 관광을 위해 만들어진 공간이 아니라, 오랜 세월 사람들의 삶이 이어져 온 마을이다. 여행지의 분위기는 그곳에 사는 사람들이 편안할 때 더욱 따뜻해진다고 믿는다. 그래서 이 길을 걸을 때면 '지금 이 공간이 누군가의 집 앞이구나' 하는 마음으로 조금 더 조심스럽게 걷게 된다.

이곳의 역사와 일상이 오래 이어지길 바라는 마음을 담아 조용히 둘러보자. 우리의 배려가 북촌을 더 오랫동안 아름답게 지켜 줄 것이다.

첫 번째 장소
북촌문화센터

북촌 여행의 첫 번째 코스는 계동길에 자리한 북촌문화센터이다. 안국역 3번 출구로 나와 직진하다 보면 현대건설 사옥이 보일 것이다. 빌딩 정문 방향으로 가기 전에 왼쪽으로 돌아 계동길로 진입하자. 베이커리와 카페, 식당이 줄지어 늘어선 골목이 나온다. 몇 걸음 걷기도 전에 풍겨 오는 맛있는 냄새에 자꾸만 발길을 멈추게 되겠지만, 이번만큼은 꾹 참고 걸음을 재촉하자. 오전 시간을 놓치면 북촌을 여유롭게 감상하기 어렵기 때문이다.

계동길을 조금 더 걸어가면 왼편으로 북촌문화센터가 보인다. 1921년에 지어진 이곳은 민형기의 집으로 알려졌으며, 흔히 '민재무관댁'이나 '계동마님댁'이라 불리던 한옥이다. 창덕궁 후원의 연경당을 본떠 만든 이 한옥은 2002년부터 서울시가 북촌문화센터로 운영하면서 시민들에게 개방되었다. 북촌 여행의 시작을 알리는 공간이자, 북촌의 역사와 문화를 친절히 전해 주는 첫 번째 장소다.

북촌문화센터 내부로 들어가 보자. 입구와 가까운 곳, 왼쪽으로 늘어서 있는 뒷행랑채는 북촌의 역사와 가치를 알리는 홍보전시관으로 꾸며져 있고, 맞은편 안채는 사무실과 회의실, 방문객을 위한 휴식 공간, 전통문화 강의실로 쓰인다. 이곳에서는 전통문화 관련 전시도 종종 열린다. 정자 뒤로는 최근에 지어진 한옥들이 자리하고 있는데, 프로그램이나 강좌가 진행되지 않을 때는 안에서 편히 북촌의 고요한 정취를 만끽할 수 있다.

홍보전시관은 원래 뒷행랑채였던 공간으로, 현재는

북촌의 역사와 가치를 홍보하는 자료가 전시되어 있다. 북촌 보존의 중요성을 알리는 영상물을 상영하고, 북촌 내의 문화재와 북촌에서 진행되는 전통문화체험 등 북촌에 대한 다양한 정보를 얻을 수 있다. 홍보전시관 앞쪽으로 위치한 안채는 사무실과 회의실 및 전통문화강좌의 강의실로 사용되며, 주민들이 쉬어 갈 수 있는 멋스러운 사랑방도 마련되어 있다. 안채 뒤로 마련된 아담한 정자는 원래 사당이었던 것을 휴식공간으로 재정비하여, 단아한 한옥의 정취를 느끼며 차 한 잔 나누는 여유를 느낄 수 있는 곳이다. 정자를 돌아 안쪽으로 자리한 별당은 주민들을 위한 사랑방으로 운영되며, 대청마루는 전통문화를 향유하는 체험 프로그램 장소로 사용된다.[4]

이곳에 앉아 고즈넉한 한옥의 처마를 바라보면, 문득 한 인물의 이야기가 떠오른다. 어쩌면 오늘의 북촌 여행은 이 인물을 만나기 위한 여정일지도 모른다. 바로, 정세권 선생이다. 정세권 선생은 1920년대 북촌을 비롯해 익선동, 혜화동, 창신동, 성북동 등 서울 곳곳에 한옥마을을 조성한 인물이다. 그는 지방에서 서울

---

4 서울한옥포털. 〈북촌문화센터〉

로 올라와 건양사라는 부동산 건설회사를 차렸는데, 짓고자 한 집이 하필이면 한옥이었다. 한옥은 당시 건설업의 흐름과 맞지 않았다. 일본인과 서양인이 원하는 서구식 집과 건물을 지으면 돈을 많이 벌 수 있었지만 그는 기와집을 선택했다. 왜 그랬을까? 그에게는 남다른 꿈이 있었기 때문이다. 그는 서울 곳곳에 한옥을 남기고 싶었다. 사라져 가는 한국의 전통을 지키고 싶었던 것이다.

당시 명동 일대를 장악한 일본인은 청계천을 건너 윗마을 북촌으로 생활권을 확장하고 있었다. 거주민 중 돈이 많은 사람들은 버틸 수 있었지만, 그렇지 않은 사람들은 점점 외곽으로 밀려나게 되었다. 이러한 상황에서 그는 조선인을 위한 집을 짓는 동시에 나라의 문화를 계승하고자 했다. 전통 가옥을 짓지 않으면 그 기술도 전수되지 않을 테고, 결국 시간이 지나면 우리의 문화는 사라질 것이기 때문이다. 그의 우려는 전통문화를 사랑하는 마음이 되어 북촌에 아름다운 한옥 골목을 탄생시켰다.

한편, 이때 짓는 한옥은 전과는 다른 형태여야 했다. 돈이 많지 않은 서민층이 살 수 있으려면 한옥이 커서는 안 되었기 때문이다. 조선시대 양반들이 살았던 한옥처럼 너른 마당이 있는 큰 집은 서민들이 살 엄두를 내지 못한다. 따라서 마당을 없애거나 줄여서 집 전체 모양을 ㄷ 자 혹은 ㅁ 자 구조로 작게 만들었다.

또한 한옥의 단점을 보완해 개량했다. 우선, 집 한가운데에 창 없이 개방되어 있던 마루 공간을 창으로 닫았다. 전통적으로 한옥의 마루는 외부로 트여 있어 소통이 가능한 장점이 있지만, 추위와 더위가 극심할 때는 이용하기 어려울 뿐만 아니라 집 내부 곳곳에 차거나 더운 공기를 스며들게 하여 계절을 나기 불편했다. 그래서 모든 공간을 유리창으로 닫아 내외부의 공간을 확실하게 구분 짓고 보온성을 강화했다.

또한, 별도의 공간으로 설치했던 부엌과 화장실은 이동 및 접근이 편리하도록 집 내부 공간과 연결했다. 그동안 화장실은 비위생적인 공간이라는 이유로 집 외부에 별도의 건물을 지어 사용했지만, 그는 편의를 위해 화장실을 내부로 들였다. 부엌 또한 내부 생활 공간으로 편입되었다. 과거에는 음식을 하는 사람과 먹는 사람의 신분과 성별이 달랐다. 신분제가 법적으로 철폐된 후에도 요리는 여성의 일로 여겨져 부엌은 여전히 분리된 공간으로 존재했다. 그런 부엌이 생활 구역으로 들어온 것은 변화된 사회적 인식이 공간에 반영되었음을 의미한다.

이제 우리가 북촌에서 만날 한옥의 모습이 머릿속에 그려지는가? 현재 북촌한옥마을에는 넓은 땅에 흙마당이 넓게 펼쳐지고, 창과 문에 한지가 붙어 있으며, 마루가 개방된 한옥은 거의 없다는 뜻이기도 하다. 주거용 한옥은 시대 혹은 생활 습관이 바뀌면서 계속 변화해 왔다. 궁궐처럼 옛 모습을 그대로 보존해야 할 필요가 없기에, 앞으로도 북촌의 한옥은 끊임없이 바뀌고 진화할 것이다.

백여 년의 세월을 품은 채 북촌의 역사, 전통, 현대를 잇는 북촌문화센터를 뒤로하고 이제 다음 목적지로 향할 준비를 하자(입구에 놓인 지도를 꼭 챙기자). 드디어 북촌한옥마을 골목으로 떠날 시간이다. 여유 있게 둘러보려면 오전 10시 전에는 출발해야 할 것이다.

두 번째 장소
북촌한옥마을

북촌 지도를 살펴보면 동그라미에 크게 숫자를 적어 놓은 장소들이 있다. 북촌의 특색이 가장 잘 드러나는 여덟 곳의 경치, 즉 '북촌 8경'이다. 그중에서 다섯,

여섯, 일곱 번째 경치를 볼 수 있는 골목을 찾아갈 것이다. 계동길에서 경복궁 방면으로 고갯길을 건너 북촌로 11길로 진입하자. 분명히 평일 오전에 오면 좋다고 추천받은 또 다른 방문객들이 보일 것이다.

골목을 걷다 보면 현대식 빌라도 많이 보인다. 1990년대부터 한옥을 허물고 빌라를 많이 지었기 때문이다. 관리하는 데 손도 많이 가고, 수리 비용도 많이 드는 한옥을 지키며 살아가기란 쉽지 않다. 그럼에도 북촌에는 현재 1,000채가 넘는 한옥이 있다. 지금도 계속 새로운 한옥이 지어지고 있기도 하다.

시선 위로 가파른 경사 길이 보이고 그 양쪽으로 한옥이 늘어서 있다면 북촌의 다섯 번째와 여섯 번째 경치를 발견한 것이다. 골목을 올려다보는 것이 5경, 가장 높은 곳에서 골목을 내려다보는 것이 6경이다. 그리고 왼쪽 골목으로 넘어가서 남산을 내려다보는 시선이 7경이다. 이제 자유롭게 길을 오르내리며 골목 곳곳을 관찰해 보자. 여행을 준비하며 나눴던 이야기를 기억한다면, 이 골목도 조용히 거닐어 보자. 괜히 큰 소리로 떠들었다간 북촌 보안관들의 따끔한 주의를 받을지도 모르니까.

앞서 설명한 것처럼 골목에 늘어선 한옥들은 조선

시대 양반들이 살던 집이 아니다. 높은 관직의 양반들은 궁과 가까운 평지에 너른 마당이 펼쳐진 한옥에서 살았다. 경사진 언덕에서 아래를 내려다보는 경치가 좋으니 별서(별장) 정도는 지을 수 있겠지만, 말이나 가마를 타고 오르막을 이동하기가 꽤 불편했을 것이다. 더구나 지금처럼 도로 포장도 안 되어 있었으니 더 힘들었을 것이다.

　너른 마당이 다 보이는 전통적인 한옥과 달리, 이곳의 한옥들은 담이 매우 높다. 아니, 담이 집의 벽이 되었다. 만약 이 골목에 늘어선 집들의 담이 낮다면 어떨까? 지나가는 사람들이 까치발을 하고 담 너머로 집을 훔쳐볼 것이다. 사생활 보호가 중요한 이 시대에는 높은 담이 당연한 모습일지도 모른다.

　이쯤 되면 궁금한 것이 또 하나 생긴다. 정세권 선생이 한옥마을을 조성했을 당시 분양은 수월하게 이뤄졌을까? 그는 대지를 바둑판처럼 규칙적으로 쪼개 중소형한옥을 짓고 조선인들이 이곳에 와서 자리 잡고 살아 주기를 바랐을 것이다. 그런데 아무리 작은 규모로 지었다 해도 어쨌든 새 집이다. 새 집 살 돈을 마련하기 힘든 서민과 빈민층에게 내 집 마련은 꿈도 못 꿀 일이었다. 이 사실을 안 정세권 선생은 집을 사고자 하는 사람들에게 월 단위 혹은 연 단위로 집값을 나눠 내는 분할 납부 혜택을 주었다. 부담을 덜어 줌과 동시에 열심히 일해서 내 집 마련의 꿈을 이뤄 보자는 의욕을 선물한 것이다. 너무나 따뜻한 마음이 깃든 마을이다.

이쯤이면 많은 관광객들이 골목으로 진입할 것이다. 천천히 골목을 내려와 마지막 목적지로 이동하자.

세 번째 장소
백인제가옥

여행자의 입장에서 한옥마을 골목을 거닐며 한 가지 아쉬운 점이 있다면 바로 '안에 들어가 직접 구경하지 못한다'는 것이다. 사람이 실제 거주 중인 가정집이거나 게스트하우스 등의 상업 공간이므로, 들어가 자세히 살펴볼 수 없다. 이제 아쉬움을 조금이나마 달랠 수 있는 장소로 안내할까 한다. 바로 백인제가옥이다.

백인제가옥은 1913년 900여 평의 대지에 개량 한옥 형태로 지어졌다. 시간이 흐르면서 소유주가 여러 번 바뀌었고, 1944년 외과의사인 백인제가 이 집을 매입했다. 2009년 서울시에서 인수한 후 보수 공사를 거쳐 2015년 일반인에게 개방했다.

북촌 안내 지도를 보면 한옥마을 골목 조금 아래쪽에 백인제가옥이 표시되어 있다. 현재 가회동 주민센터 옆 골목을 따라 조금 경사진 길을 오르면 된다. 골목 입구 바닥에 동판으로 백인제가옥이라고 표기해 놓아 쉽게 찾을 수 있다. 조금 낮은 담 안으로 들어가면 가파른 언덕 위에 지어진 한옥이 보일 것이다. 계단을 천천히 올라가 보자. 대문을 통과하면 가로로 길게 세워진 담 사이로 두 개의 문이 보인다. 그런데 두 개의 문 모양이 다르다. 왼쪽은 전통 양식대로 나무로 설치하고, 오른쪽은 벽돌 담 사이에 문처럼 공간을 냈다. 집주인의 공간에 먼저 가 보고 싶다면 오른쪽 벽돌 문을 통과해 들어가면 된다.

　이 공간은 집주인 남성이 생활하고 손님을 맞이하는 사랑채다. 사랑채 외부를 보면 정세권 선생이 한옥을 개량하던 근대 시기 한옥의 특징들을 찾을 수 있다. 개량 한옥답게 창호지가 발린 문 대신 유리문을 이용해 공간을 닫았으며 야외 연회를 열 수 있도록 집 앞 정원에 잔디를 깔고 나무도 심었다. 과거 한옥의 마당은 결혼식 같은 집안 행사를 치르고 채소를 말리는 등 다양한 용도로 사용하기 위해 흙 마당으로 온전히 비워 두었는데, 시대와 생활 모습이 달라졌기에 마당도 변한 것이다. 근대적 양식이 진하게 나타나는 이 집은 영화나 드라마 촬영지로 많이 활용되었다. 영화 〈암살〉이나 드라마 〈재벌집 막내아들〉을 시청하면 백인제가옥의 내부를 꼼꼼히 살필 수 있다.

이 집의 놀라운 특징이 하나 더 있다. 바로 2층이 있다는 것이다. 사랑채 뒤쪽으로 돌아가다 고개를 들면 2층이 보인다. 2층에는 바닥에 온돌을 깔 수 없어 난방이 안 되기에, 보통 한옥에는 짓지 않는다. 이곳에는 온돌 대신 다다미(마루방에 까는 일본식 돗자리로, 두꺼운 지푸라기를 돗자리 형식으로 방바닥 전체에 까는 것)가 깔려 있는데, 어릴 적 일본 유학 경험이 있었던 첫 번째 집주인이 보온을 위해 설치했다. 한국과 일본의 문화가 뒤섞인 시대상이 엿보이는 대목이다.

이제 사랑채 뒤로 돌아 안채로 가 볼까? 사랑채 뒤에 벽돌로 장식한 문을 통과하면 안채로 들어선 것이다. 이는 원래 문이 아니라 벽돌로 세운 담이었다. 이곳을 방문한 사람들이 사랑채와 연결된 안채를 들여다볼 수 없도록 담을 세운 것이다. 안채를 이용하는 여성들도 사랑채에서 벌어지는 일을 볼 수 없었다. 그러다 시간이 흐르고 세상이 변화하면서, 담은 더 이상 필요하지 않게 되었다. 담은 허물어졌고 담이 있었다는 흔적만 바닥에 조금 남아 있다.

원래 조선시대 양반이 살았던 한옥은 남성이 머무는 사랑채와 여성이 머무는 안채가 분리되어 있었다(물론 일반 백성들은 초가집 단칸방에서 성별의 구분 없이 지냈을 것이다). 그런데 시간이 지나면서 떨어져 있던 두 채가 하나로 연결되었다. 성별에 따라 공간을 어느 정도 구분하긴 했으나, 집 안 복도를 통해 공간을 자유롭게 이동할 수 있게 되었다.

19세기 후반부터 물밀듯이 유입된 서양의 사상과 문물은 사람들에게 커다란 영향을 끼쳤고, 20세기를 전후해서는 거주 양식이 눈에 띄게 변해 갔다. 사회적 인식이 동전 뒤집듯이 한 번에 변하는 것은 아니기에 외부 손님에게 여성의 공간을 훤히 보여 주지는 않지만, 구성원들의 생활에는 서양의 문화가 많이 스며들어 있었다.

부엌을 끼고 돌아 안채 앞마당으로 나오면 오늘 여행이 마무리된다. 반시계 방향으로 크게 한 바퀴 돌면서 집을 보았다고 생각하면 된다. 안채는 전통 양식대로 마당에 잔디가 없고 흙바닥이 그대로 드러난 것을 제외하고는 사랑채와 크게 다르지 않은 모습이다.

공간은 건물을 지은 사람의 생각과 의도라는 토대

위에 사용하는 사람들의 삶이 층층이 쌓여 완성된다. 오늘 북촌을 걸으며 만난 한옥들에도 이곳에 전통 가옥 문화를 뿌리내리게 한 정세권의 귀한 마음과 이곳에 거주해 온 사람들의 다양한 삶이 녹아 있다. 덕분에 우리는 도심 한복판에서 시간을 거스르는 여행을 즐길 수 있었다. 미래의 시간을 품은 북촌한옥마을이 앞으로 어떤 모습으로 우리를 반길지 기대된다.

Q 더 알아보기
한옥 대문에 달린 깃발꽂이의 용도는?

한옥 대문 한쪽에는 깃발꽂이가 있다. 우리나라는 국경일이나 국가 기념일이면 그 의미를 되새기기 위해 관공서와 기업, 각 가정에서 태극기를 게양하게 되어 있다. 그래서 집집마다 깃발꽂이가 설치되어 있다. 한옥에서 깃발꽂이는 한국의 역사를 이해하는 중요한 장치가 된다. 한옥이 전통 사회를 대변하는 가옥의 형태라면, 국기는 국민이 나라의 주인이 된 현대 민주주의 사회를 대변해 주기 때문이다.

100여 년 전, 나라의 주인이 왕과 황제였던 조선시대까지만 해도 개인이 특별한 문양을 새긴 깃발을 소유할 일은 없었다. 깃발에는 용이나 봉황 같은 전설의 동물을 그려 넣어 나라의 주인이 가진 권위를 상징했다. 즉, 개인이 가질 수 없는 물건이었다. 그러다 대한제국 시기부터 자주독립국임을 서양에 알리는 방법으로 개인이 자유롭게 사용해도 되는 분위기가 되었다.

하지만 나라를 빼앗긴 일제강점기(1910~1945)에는 태극기가 금지 물품이었다. 소지하고 있으면 일본 경찰에게 끌려가 모진 고문을 받을 수도 있었다. 이 시기에 태극기는 독립운동의 상징물이었다. 광복 이후에야 드디어 개인이 자유롭게 국기를 달아 애국심을 표현할 수 있게 되었다.

북촌에 있는 한옥들에는 집집마다 깃발꽂이가 설치되어 있다. 과거에는 허락되지 않았던 것이 현대 한옥에서는 어색할 게 전혀 없는 집의 필수 시설물이 된 것이다.

• **한옥** | 표준국어대사전에서는 한옥을 '우리나라 고유의 형식으로 지은 집을 양식 건물에 상대하여 이르는 말'이라 정의한다. 본래 한국에서는 지붕에 무

엇을 올리느냐에 따라 기와집, 초가집으로 구분해 부를 뿐이었다.

그러다 서양의 사상과 문물이 들어오면서 가옥의 형태가 다양해졌다. 외국인들이 외교나 선교 목적으로 들어와 터를 잡으면서 그들의 생활 양식에 맞춰 집을 지었다. 우리의 것과 아닌 것을 구분하면서부터 '한옥'과 '양옥'이라는 개념이 생긴 것이다. 현대에 들어서는 조금 더 구체적으로 '기와를 올린 전통 가옥'만을 한옥이라 부른다.

• **문고리** | 한옥마을 골목골목을 걷다 보면 흥미로운 것들을 발견하게 된다. 그중 하나가 바로 '문고리'이다. 문고리는 주로 쇠를 재료로 사용해 둥근 고리 형태로 만들어지며, 한옥의 대문을 장식하는 역할을 했다. 본래 문을 여닫기 위한 용도이지만, 현대의 초인종과 비슷한 역할도 겸했다는 점이 흥미롭다.

오늘날 누군가의 집을 방문하면 초인종을 눌러 자신의 존재를 알린다. 과거 한옥에서는 쇠로 만든 둥근 문고리를 잡아당기거나 밀어서 소리를 내어 자신의 방문을 알렸다. 양반이 다른 이의 집을 방문할 때는 노비가 대문 앞에서 큰 소리로 "이리 오너라!"라고 외쳐 귀한 손님의 도착을 알리기도 했다.

이제는 한옥마을의 대문에도 초인종이나 전자 도어록이 설치되어 있어, 문고리는 더 이상 실질적인 기능을 하지 않는다. 대신 아름다운 장식으로 남아 옛 시절의 정취와 추억을 전해 준다.

- **아궁이와 가마솥** | 백인제가옥 안채 뒷마당을 돌다 보면 부엌을 살필 수 있는데 그곳에 남아 있는 아궁이와 가마솥이 매우 인상 깊다. 당시에는 작은 굴처럼 생긴 아궁이에 나무를 넣어 불을 지피고 가마솥을 위에 올려 밥을 짓고 국을 끓였다. 그리고 그 연기가 연결된 집 전체 바닥으로 들어가면서 따뜻한 기운을 전해 주었다. 지금은 즉석밥으로 편하게 밥을 먹는 시대이지만 그때까지만 해도 밥을 하려면 많은 노동과 정성이 필요했던 것이다.

04

천변

📍

청계천

· 산책 테마 ·

역사의 물줄기를 따라,
도심 속 한가로운 천변 산책

걸음 수 | 5천 보
소요 시간 | 1시간 30분

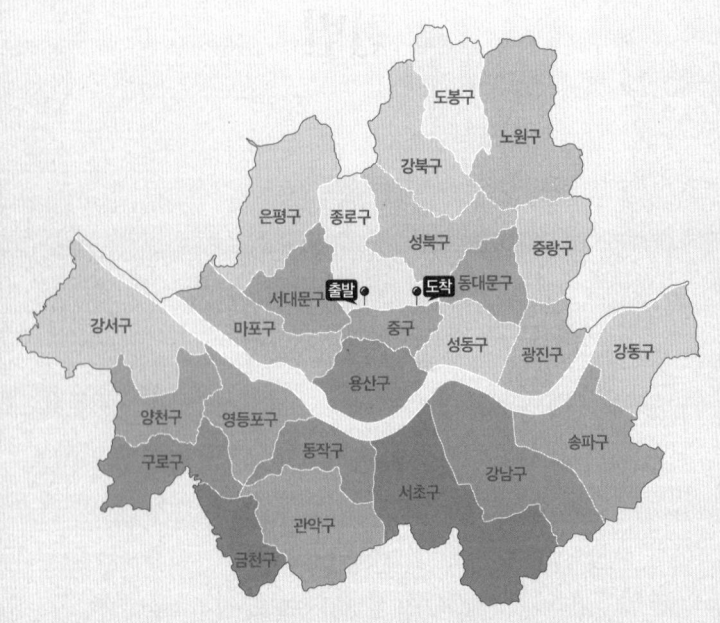

서울에서 은빛 물결을 바라보며 탁하고 어지러운 마음을 청명하게 정화할 수 있는 장소가 있을까? 아마 대부분의 서울 시민 머릿속엔 한강이 가장 먼저 떠오를 것이다. 서울 시민은 한강을 꽤 좋아한다. 그런데 시간을 조금 거슬러 올라가면 서울을 대표하는 물은 한강이 아니라 청계천이었다. 조선시대에는 한강이 서울에 포함되지 않았다. 그러니 기분 전환에 더해 서울의 과거까지 아우르는 천변 산책을 하려면 한강보다 청계천이 훨씬 좋다.

청계천은 원래 북악산과 인왕산 발원지에서 시작했지만, 근대 시기 이를 복개해 도시를 개발하면서 물길이 끊겼다. 그러다가 2005년 청계천을 도심 속 하천으로 복원하면서 한강 물을 끌어와 흘려 보내고 있다.

인공으로 물을 흘려 보내긴 하지만, 물길의 역사는 이 자리에 그대로 있으니 다양한 시간을 품은 이야기와 함께 재미있게 걸어 보자.

　도심 속 청계천의 독특한 정취는 평일에 짙게 나타난다. 여러 기업의 고층 건물들이 청계천 주변에 위치해 있기 때문이다. 월요일부터 금요일까지 오전 11시 30분쯤 되면 직장인들이 회사 건물을 나와 삼삼오오 청계천 다리를 건너 주변 식당으로 간다. 식사 후 커피 한 잔을 들고 청계천 산책길을 거닐며 머리를 식히기도 한다. 저녁 퇴근 시간이 되면 천변에 앉아 휴식을 즐기는 사람들의 표정이 한없이 여유롭다. 이에 더해 물가를 끊임없이 오가는 사람들이 어우러져 천변 풍경을 완성한다. 이렇듯, 청계천은 직장인들이 출근하는 평일에 와야 사람과 도심 속 하천이 조화롭게 어우러지는 풍경을 온전히 즐길 수 있다.

　청계천은 광화문역 청계광장에서 시작해 서울 중랑구에서 한강과 합류하기 전까지 10km 정도 이어져 있다. 한 번에 다 걷기에는 벅찰 수 있기 때문에, 그리 길지 않은 코스를 준비했다. 광화문역 5번 출구부터 동대문을 만날 수 있는 오간수교까지로, 인문과 자연 환경을 고루 느낄 수 있는 구간이다. 청계광장에서 출발해 천변 산책길을 천천히 걷다 보면 서울 풍경과 더불어 역사 속 숨겨진 청계천의 흔적까지 발견할 수 있을 것이다. 걸어서 1시간 정도 소요되는 코스로, 천천히 걸어도 1시간 30분이면 충분하다.

광화문역 5번 출구로 나와 앞에 다슬기처럼 생긴 조형물이 보이면 이제부터 청계천 산책이 시작된다. 짧은 횡단보도를 건너 청계광장으로 진입한다. 천변 길로 내려가는 방향은 왼쪽이든 오른쪽이든 상관없다. 물길을 중심으로 왼쪽 산책길은 지대가 낮고 오른쪽은 높다. 우리는 왼쪽 산책길을 먼저 걸어 보려 한다. 걷다가 반대 방향으로 가고 싶다면 물길 중간중간에 있는 돌다리를 건너면 된다.

왼쪽 계단 길을 내려가 산책로에 진입하면 제일 먼저 시원하게 쏟아져 내리는 인공 폭포가 나온다. 이 폭포가 현재 청계천의 시작이다. 혹시 동전이 있다면 그 앞에 설치된 소망석에 던져 보자. 이곳을 지나는 사람들이 마치 약속이라도 한 듯 이곳에 동전을 던지며 소원을 빌다 보니, 관리상 어려운 점이 많아 아예 동전 던지기용 소망석을 설치해 두었다.

앞으로 천변 산책길을 걷다 보면 일정 구간마다 물길 위에 놓인 다리들을 마주할 것이다. 조선시대 초기

에는 12개의 다리가 놓여 있었지만 청계천을 복원하면서 주변 도로 상황에 맞춰 전체 구간에 총 22개의 다리를 놓았다. 첫 번째 다리 모전교 아래를 지나 광통교에 가까이 가면 독특한 돌담이 보인다. 돌담에 조각된 부조 형식의 화려한 문양에 옛날이야기가 숨어 있을 것만 같다. 이는 청계천을 복원할 때 발견한 것으로, 조선 3대 왕인 태종이 이곳에 둑을 튼튼히 쌓는 공사를 진행하며 가져온 돌이다. 결코 평범하지 않은 이 돌은 사실 무덤을 장식했던 돌이다. 조선 태조의 왕비인 신덕왕후가 승하한 후 현재 서울 정동에 능을 조성했는데, 이후 태종 재위 시기에 왕후의 능을 다른 곳으로 이전하면서 돌들이 현장에 버려진 듯 남겨졌다. 그러다 청계천 둑을 쌓을 때 부족한 석재를 채우기 위해 가져다 썼다. 돌 하나에 이런 흥미로운 역사 이야기가 담겨 있다니, 이어지는 천변 산책이 더욱 기대된다.

광교라고 적힌 다리를 지나 장통교를 향해 가다 보면 왼쪽 담벼락에서 아주 멋진 그림을 만나게 된다. 타일 벽화인데 딱 봐도 옛 그림이다. 바로 정조대왕 능행 반차도이다. 조선 22대 왕 정조가 1795년 어머니 혜경궁 홍씨의 회갑을 맞아 자신이 만든 신도시 화성(현 수원)으로 가는 모습을 담은 그림을 이곳에 재현했다.

아버지 무덤을 참배하기 위한 길이기도 했기에 '능행'이라 한다. 능행반차도는 출발하기 전 미리 그린 그림이다. 왕이 궁궐을 떠나 바깥으로 나가는 일이 나라의 큰 행사였던 데다가 1,700명이 넘는 대규모 인원이 열을 맞춰 이동해야 했기 때문에, 실수 없이 준비하려 미리 행렬을 그려 본 것이다.

그런데 조선시대 기록화를 왜 천변 담벼락에 다시 그려 놓은 걸까? 당시 행렬이 청계천 다리를 건너갔기 때문이다. 당시 능행의 도착지인 화성에 가려면 궁궐을 출발해 청계천 다리를 건넌 후, 한강을 또 한 번 건너야 했다. 100m가 넘는 타일 벽화 길을 따라 군데군데 한글과 영문으로 그림 설명을 해 놓았으니 참고하면서 감상해 보자. 이 그림에는 조선시대 유명한 화원 김홍도가 참여했는데, 그가 그린 그림을 보면 깨알 같은 재치가 깃들어 있다. 자세히 보면 열을 지어 가는 사람들의 자세와 표정이 다양하다.

삼일교 아래를 지나면 커다란 버드나무가 제법 많이 보인다. 고개를 푹 숙인 버드나무들이 물속을 들여다보는 듯 늘어서 있다. 천변에 잘 어울리는 풍경이다. 버드나무는 물가 주변에 뿌리를 잘 내린다. 버드나무가 단단히 뿌리내리면 주변 흙도 단단해진다. 그래서 옛날부터 청계천 주위에 버드나무를 심어서 홍수에 대비하고자 했다. 무성한 버들잎 덕분에 푸르른 경치까지 선물받는 기분이 든다. 청계천에 서식하는 동물들도 자연스러운 풍경을 만드는 데 한몫한다. 인공으로 흘려 보내는 물이지만 한강 수로를 따라 들어온 물고기들이 이곳에 적응해서 살아가고 있다. 귀여운 오리 가족이 여유롭게 헤엄치는 모습도 볼 수 있고, 가끔 왜가리가 물고기를 낚아채는 장면을 목격할 수도 있다. 자연에서는 흔한 일도 도심에서는 진귀한 풍경이 된다.

잠시 앉아 상쾌하게 흐르는 물소리와 자연 풍경에 가만히 마음을 기울여 보자. 천변을 거니는 사람들의 모습이 자연스럽게 시선에 포착된다. 청계천이 서울을 가로지르는 직선형 물길이다 보니 대부분의 사람들이 흐르는 물의 리듬에 맞춰 움직이지만, 각자 다른 속도로 걸으며 변화를 만든다. 자연히 이곳의 풍경은 한순간도 똑같지 않다. 연못이나 호수는 넓게 조성된 물을 중심으로 사람들이 모여들어 비교적 오래 머무르는데, 청계천 산책길은 가늘고 기다란 물길 바로 옆에 조성되어 사람들이 물길을 따라 계속 걷는다. 그래서인지 사람이 많아도 복잡함이 느껴지지 않는다. 새로운 리듬과 주제로 변주를 넣은 음악을 즐기는 느낌이다.

잠시 머물며 즐긴 풍경에 감사하며 다시 걸어 볼까? 고개를 들어 주변을 살펴보면 유리창이 은빛으로 반짝이는 빌딩이 즐비하다. 전형적인 서울의 모습이다. 반대로 고개를 내리면 하천의 한적함과 여유로움이 있다. 평일 저녁에 이곳을 산책하면 색다른 분위기를 즐길 수 있다. 저녁에도 불이 환한 청계천 주변 고층 건물과 물빛을 은은히 흩날려 주는 물속 조명들이 자연스럽게 어우러져 멋진 광경을 연출한다.

저 아래 수표교는 어딘지 모르게 어색하다. 기둥은 철제인데 다리 상판은 나무이다. 원래 수표교는 돌다리였다. 1950년대 청계천을 덮고 도로를 만들 때 조선시대 모습 그대로 남아 있는 수표교를 보존하기 위해 장충단 공원으로 옮겼다. 2005년 청계천을 복원할 때 제자리에 돌려놓으려 했지만, 안타깝게도 시간이 흐르면서 천변 위 도로가 예전보다 높아졌고 안전상 설치가 불가해, 수표교를 옮기지 못하고 현재와 같은 모양으로 설치했다.

한편, 다리 이름은 왜 수표교일까? 이곳에 물의 높이를 파악할 수 있는 표석이 있었기 때문이다. 조선의

서울 산책자

4대 왕 세종은 장영실에게 이 다리 옆에 눈금을 표시한 긴 석물인 수표석을 세우도록 했다. 백성들이 불어난 물의 양을 보고 홍수에 대비할 수 있도록 한 것이다. 다리 이름을 통해 당시 백성을 걱정하는 왕의 마음이 전해져 온다.

저 앞에 보이는 세운교 위로 다리 두 개가 더 보인다. 양쪽 상가 건물을 잇는 다리이다. 왼쪽에는 세운상가, 오른쪽에는 대림상가가 있다. 이곳에는 전자 제품 및 조명 가게가 많아 물건을 나르는 자동차와 오토바이 소리가 많이 들릴 것이다.

몇 개의 다리를 더 지나쳐 시선을 오른쪽 위쪽으로 옮기면 평화시장이 보인다. 오늘의 마지막 코스인 오간수교에 거의 다 왔다는 뜻이다. 오간수교는 상부 모양이 다른 다리들과 조금 다르다. 조선시대 서울의 경계선(한양도성)과 이어지는 구간의 수문이었기에 성곽 모양과 비슷하게 보이도록 복원했다. 현재는 사람들이 천변 길을 걸을 수 있도록 하부가 완전히 뚫려 있지만, 조선시대에는 다섯 개의 아치형 수문에 창살을 설치해서 물은 흐르되 사람은 통과할 수 없었다. 죄를 지은 사람이나 출입 허가를 받지 못한 사람이 한양에 함부로 드나드는 것을 막기 위해서였다.

안타깝게도 일제강점기에 수문이 철거되고 주변 성곽도 훼손되어 원래 형태를 볼 수 없다. 이곳이 성곽 일부로서 수문 역할을 수행했을 때의 모습은 산책길 왼쪽 담벼락에 비슷한 크기로 재현해 놓은 것을 보고 짐작해 볼 수 있다.

현재 청계천은 600여 년 전 조선의 수도를 서울로 옮긴 직후의 모습과 비교했을 때, 물이 흘러가는 방향과 위치는 예전과 같지만 다른 점도 있다. 먼저, 물길 따라 양쪽 길에 늘어서 있는 건물들의 높이가 달라졌다. 소박한 상점들이 자리했던 단층 건물이 높은 빌딩으로 바뀌어서, 청계천에 서면 시야가 서울의 멋들어진 자연 풍경을 향해 탁 트이지 못한다.

또 하나 달라진 것은 물의 쓰임일 것이다. 당시에는 여인들이 집안 식구들의 옷을 잔뜩 들고 나와 빨래를 하기도 하고, 아이들이 신나게 물놀이를 하기도 했다. 그런데 지금은 흐르는 물을 바라보는 것에 효용 가치를 둔다. 물을 사용하는 것이 아니라 천변 풍경을 바라보며 휴식을 취하고, 인공으로 조성한 산책길을 걷거나 뛰면서 건강을 챙기기도 한다.

청계천은 우리에게 도심 속 휴식 공간이지만, 같은 장소도 시대에 따라 의미가 달라진다는 것을 보여 주는 아주 좋은 예가 된다. 날씨 좋은 날 청계천을 따라 과거와 현재를 넘나드는 산책을 떠나 보면 어떨까?

🔍 더 알아보기

청계천은 역사 속에서 어떻게 변해 왔을까?

청계천의 원래 명칭은 '물길을 연다'는 뜻의 개천(開川)으로 옛 서울 한양의 동서를 가로질렀다. 경복궁 북쪽 북악산과 서쪽의 인왕산에서 내려온 물에서 시작되어 서울 곳곳의 지천이 합류해 동쪽 중랑천까지 흐르다가 한강으로 합류했다.

물의 양이 많지 않아 건천(乾川)이라고도 불리던 개천은 여름 장마만 지면 아주 무섭게 돌변했다. 일 년 중 강수량이 가장 많은 여름 장마철에는 개천의 물이 넘쳐 자주 홍수가 났다. 게다가 개천의 둑이 약해서 자주 무너져, 백성들의 목숨과 삶의 터전을 단숨에 집어삼키기 일쑤였다. 조선의 임금들은 비가 적게 내리는 계절에 수시로 보수 공사를 진행했다. 개천 바닥에 쌓인 흙을 걷어 내고 수위를 조절했다. 튼튼한 재료로 둑도 쌓았다.

하지만 한양의 인구가 급격히 늘어난 조선 후기에

이르자 일반적인 보수로는 감당할 수 없을 정도로 문제가 심각해졌다. 한양 주변의 산에서 나무를 마구 베는 바람에 비가 내리면 토사가 예전보다 더 많이 떠밀려 내려와 개천이 순식간에 범람해 버렸다. 생활 하수까지 버리면서 오염이 심해졌다. 그러다 일제강점기에 북악산, 인왕산에서 흘러 내려오는 물길을 덮어 도로를 만들고 주택을 개발하면서 청계천 물이 끊겼다. 청계천이라는 이름에 걸맞지 않게 맑은 빛은 사라지고 탁한 기운만 가득했다.

1950년대 후반, 오물과 쓰레기로 가득 찬 청계천을 손쉽게 처리했다. 깨끗하게 청소한 것이 아니라 안 보이게 덮어 버렸다. 하수도가 된 물길 위를 콘크리트로 덮고 위에 도로를 깔았다. 심지어 기둥을 세워 고가도로까지 설치했다. 서울의 자동차 교통량이 급증하던 때이니 도심 환경을 미화하고 교통 문제도 해결했다고 생각했다. 그렇게 사람들의 기억 속에서 맑은 물은 완전히 사라지는 듯했다.

1990년대에 접어들며 서울은 새로운 문제에 직면했다. 도심의 오염이 극심해졌고, 편하게 숨 쉴 수 있는 녹지 공간마저 턱없이 부족해 서울 시민의 건강이 위협받는 지경에 이르렀다. 이런 문제점을 해결하기 위한 방편으로 청계천을 복원했다. 광화문 청계광장부터 성동구까지 5.8km의 상부 물길을 복원했으며 하류 4km까지 전체 약 10km를 생태하천으로 조성했다.

2년 3개월간의 공사 끝에 2005년, 콘크리트 안에 갇혀 있던 청계천이 드디어 제 모습을 드러냈다. 청계천 복원 프로젝트를 통해 청계천의 생명이 다시 살아났고, 어두운 곳에서 웅크리고 있던 역사가 다시 흐르게 되었다.

• **스프링** | 광화문역 청계광장에 진입하자마자 보이는 다슬기 모양의 커다란 조형물이다. 스프링은 2005년 청계천을 복원할 때 서울시가 조각가 클라스 올든버그와 코셰 반 브루겐에게 의뢰해 만든 작품이다. 다슬기 모양에서 영감을 받아 위로 샘솟는 느낌을 표현했다. 흐르기만 하는 하천이 아니라 과거에서 현재로 복원된 하천의 생동감 넘치는 분위기가 느껴진다. 스프링은 도심 속에 재생된 자연의 기념물이자 청계천 복원 프로젝트의 상징물로 우뚝 서 있다.

- **팔석담** | 청계천 시작 지점인 인공 폭포 바로 아래 양쪽 길을 따라 독특한 모양의 돌이 놓여 있다. 물길을 향해 휘어져 물과 자연스럽게 합류하는 듯한 모습이다. '한반도 전국 팔도의 돌'을 가져왔다고 해서 팔석담이라 부른다. 2005년 청계천을 복원하면서 끊어졌던 생명의 기운이 다시 흐르기를 바라는 마음으로 지역을 대표하는 돌로 길의 시작을 꾸몄다.

  가까이에서 보면 지역 이름이 한글로 두 글자씩 적혀 있다. 그런데 흐르는 물 가운데 검은색 돌이 덩그러니 놓여 있다. 구멍도 뽕뽕 뚫려 있다. 현무암이다. 화산이 분출하며 만들어진 제주도를 상징하는 돌이다. 한반도 가장 아래에 위치한 커다란 섬이니 그에 맞게 다른 돌들과 분리해 놓았다.

- **세운상가** | 세운교는 청계천을 복원할 때 을지로에 위치한 세운상가의 이름을 따다 붙였다. 세운상가는 우리나라 건축 역사에 길이 남을 건물이다. 세계적인 건축가 김수근의 설계로 1968년 완공된 주상복합단지로 1~4층은 상가, 5층 이상은 주거 공간으로 사용했다. 1970~1980년대에는 사람들이 많이 찾아오는 종합 전자 상가로 이름을 날렸고, 유명 연예

인과 고위 공무원이 거주했다. 시대가 변한 지금은 예전만큼 많은 사람들이 찾지는 않지만 전자 제품과 조명 용품을 파는 가게들이 아직 활발히 영업 중이다. 최근에는 상가 내에 맛집이 많이 생겨 젊은 사람들의 발길이 끊이지 않는다.

서울
산책자

05

도성

📍

한양도성

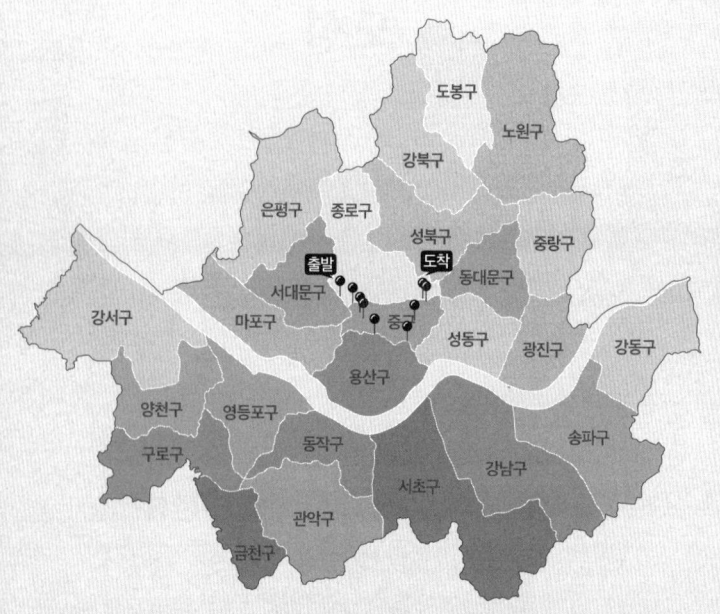

서울 곳곳을 산책하며 한 번쯤 이런 의문이 들지 않았는가? '어디부터 어디까지가 서울일까?' 현대 서울은 점차 광역화되어, 서울을 둘러싼 경기도의 많은 도시와 밀접한 관계를 맺고 있다. 하루에도 수많은 광역버스와 지하철이 서울과 경기도를 이어 주기 때문에, 사람들의 마음속에는 서울의 경계가 점차 흐릿해지는 것 같다.

그리하여, 이번에는 서울의 경계를 따라 걷는 여행을 준비했다. 서울은 현재 남북 간 거리 약 30km, 동서 간 거리 약 37km에 이르는 거대한 도시다. 이렇게 대규모 도시의 경계를 하루에 다 돌아보는 것은 거의 불가능하다. 우리는 현재 서울의 경계가 아닌, 옛 서울 한양의 경계를 따라 걸어 볼 것이다. 이름하여 '한양도성 순성'이다. '한양도성'은 조선의 수도 한양의 경계를 표시한 성곽이다. 과거에는 도성이란 단어에 '성곽을 쌓은 수도'라는 뜻이 있어 한양을 빼고 불렀다. 순성(巡城)은 성벽을 살피며 걷는 것을 의미한다.

우리는 걷기 힘든 코스를 제외하고, 한양도성의 반 정도에 해당하는 서쪽 돈의문 터부터 동쪽 동대문(흥인지문)까지 약 8km를 걸을 예정이다.

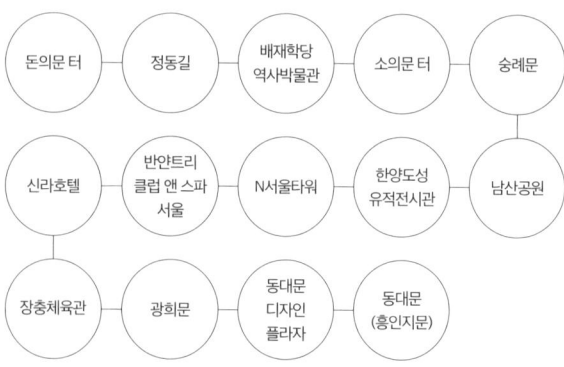

북쪽 북악산과 서쪽 인왕산 코스를 포함하면 서울을 내려다보기에 가장 좋지만, 계속해서 산을 오르내려야 하기에 트레킹 경험이 없는 사람에게는 아주 힘든 코스이다. 그래서 서울 시내를 재밌게 둘러보며 걷기에 적당한 이 코스를 추천한다. 그래도 오래 걸어야 하니 하루 일정을 완전히 비우고 오전 10시에 시작해

서 오후 5시까지 여유 있게 걷기로 하자.

이 책에서 소개하는 도보 산책은 대부분 설레는 마음만 있으면 즐기는 데 아무 문제가 없지만, 이번만큼은 두 가지 준비물이 필요하다. 우선 쿠션이 두툼한 운동화를 권장한다. 가벼운 등산화도 좋다. 중간에 남산을 오르내려야 하기 때문이다. 또 하나는 물이다. 걸으며 수시로 수분을 보충해야 한다.

길을 못 찾을까 봐 걱정된다면 전적으로 서울을 믿어 보자. 한양도성 순성길 안내 표지판이 있기 때문이다. 교차로와 인도 곳곳에 순성길 방향을 안내하는 표지판이 세워져 있다. 외국인도 'Excursion Trail of Hanyangdoseong to ○○○ gate'라고 적힌 영어 안내판을 따라 걸으면 된다. 헷갈릴 만한 막다른 길과 골목에도 어김없이 흑색 표지판이 벽에 붙어 있다. 서울 산책이 즐거운 이유는 묵묵히 제자리를 지키며 세심하게 안내해 주는 친절이 곳곳에 녹아 있기 때문일 것이다.

이제, 신발 끈 단단히 동여매고 출발해 보자. 서대문역 4번 출구로 나와 광화문 방향으로 250m 정도 직진하면 교차로가 보인다. 왼쪽은 강북삼성병원, 오른쪽은 정동으로 가는 길이다. 이곳이 여행의 출발지로, 과거 돈의문이 있던 터이다. 돈의문은 한양도성의 서쪽

문이며 서대문이라고도 불렸다.

한양도성 따라 걷기 여행은 돈의문의 옛 모습을 상상해 보는 것으로 시작한다. 돈의문은 1915년 일제강점기 전찻길을 놓으면서 철거되었기 때문이다. 도성을 출입하기 위한 네 개의 성문 중 돈의문이 가장 먼저 철거되었는데, 당시 사대문과 도성은 그저 서울의 경계선이 아니라 나라의 수도를 상징하는 것이었기에 백성들에게 큰 충격으로 다가왔을 것이다. 도로 양방향으로 자동차가 원활히 달리고 있는 현재의 모습을 보니, 사대문 중 유일하게 복원되지 못한 상황이 못내 아쉽다. 정동길 가는 방향으로 횡단보도를 건너면 돈의문이 있던 과거의 사진을 볼 수 있다.

오른쪽으로 길을 건너 정동길에 들어서면 길 양쪽으로 붉은 벽돌 건물이 눈에 많이 띈다. 조선시대 말기였던 19세기 말, 개항을 본격적으로 시작하면서 정동에 외국 공사관들이 들어섰다. 1883년 미국을 시작으로 영국, 러시아, 프랑스 등 여러 나라가 자국의 건축양식대로 공사관을 지었다. 당시 이 길을 시작으로 정동 분수대 로터리를 거쳐 덕수궁 정문까지를 '공사관 거리'라고 불렀다. 현재는 영국대사관을 제외하면 정동길에 있던 외국 공사관들은 대부분 사라졌다.

그러나 정동의 정취는 여전히 이어지고 있다. 지금도 이 길에 붉은 벽돌 건물을 계속 짓고 있는 걸 보면 독특했던 역사를 이어 가기 위해 노력하는 것처럼 느껴진다. 창덕여중 입구 쪽 안내판에는 과거 그곳에 있던 프랑스 공사관에 대한 설명과 사진이 있다. 사진 속에는 당시 전형적인 프랑스 벽돌조 5층 건물로 지은 프랑스 공사관이 자국의 위세를 뽐내듯 서 있다. 길을 조금 더 내려가면 분수대가 있는 로터리가 나오는데, 과거 여기에서 왼편으로 올라가면 미국·영국·러시아 공사관이, 정면으로 마주한 서울시립미술관 자리에는 독일공사관이 있었다.

분수대에서 오른쪽 언덕길로 올라가자. 배재학당 역사박물관을 거쳐 한양도성 순성길 안내판을 따라 소의문 터(서남쪽의 작은 성문)로 향한다. 이 문 역시 현재 남아 있지 않다. 인도 한쪽에 작은 표지석만이 남아 있을 뿐이다. 일제강점기에 서울이 확대되는 과정에서 철거와 훼손이 빠른 속도로 진행되었다. 특히 평지에 있는 성곽이나 성문이 그러했다. 순성길 숭례문 방향으로 걷다 보면, 대한상공회의소 건물 한쪽에 성곽의 일부분이 남아 있어 아쉬운 마음을 조금이나마 달래 준다.

그런데 성곽을 이루는 돌 모양이 제각각이다. 도성이 처음 축조된 이후 여러 차례 수리하거나 다시 쌓은 흔적이다. 시기별로 특징을 구분해 보자면 조선 건국 초기(14세기 말) 태조 때 쌓은 돌은 다듬었지만 자연 그대로의 모습이 많이 남아 있고, 세종 시기(15세기 초)에 쌓은 돌은 완전히 사각형은 아니지만 이전 시기보다는 납작하게 다듬은 듯하다. 조선 후기 숙종 시기(18세기 초)에는 비교적 균일한 사각형으로 다듬었다. 조선 말에는 완전히 정사각형으로 다듬어 성곽을 쌓았다. 시기에 따른 돌 모양만 기억해도 타임머신을 맞춰 타고 여행을 떠날 수 있다.

어느새 숭례문에 다다랐다. 숭례문은 한양도성의 남문이자 정문이다. 2008년에 벌어진 방화 사건으로 인해 복원한 모습이지만 정문의 위엄은 예전 그대로이다. 활짝 열려 있는 성문을 왔다 갔다 하면서 한양의 안과 밖을 넘나들어 보자. 지붕 바로 아래 한자로 적은 문의 이름이 보인다면 한양 바깥쪽에서 서 있는 것이다. 지금은 성문 안팎 모두 서울이다. 서울의 면적이 많이 넓어졌다는 것을 알 수 있다.

숭례문을 뒤로하고 순성길 남산 구역을 오르려고 하는데 남대문시장이 눈에 띈다. 남대문시장은 오랜 역사를 가진 시장이다. 조선시대 한양의 3대 시장 중 하나였고, 지금도 없는 것 빼고 다 있다고 할 정도로 다양한 물건을 판다. 물건을 구경하는 재미도 좋지만 쇼핑은 역시 식후경이다. 매콤짭짤한 갈치조림과 여러 종류의 호떡이 유명하니 점심을 이곳에서 먹고 다시 순성길에 올라도 된다.

안내 표지판을 따라 계단을 오르며 남산공원에 진입하면 오른쪽에 늘어서 있는 성곽길이 보인다. 성곽길을 걸을 때 우리가 한양 안에 있는지 밖에 있는지 구별하는 방법이 있다. 성곽의 가장 윗부분에 있는 총안(총을 쏠 수 있는 네모난 구멍)만 보인다면 우리는 도성 안을 걷는 것이고, 성곽 아래부터 위까지 전체가 다 보인다면 도성 밖에 있는 것이다. 순성길 중에 성곽 바깥 부분에서 걸으면 구불구불, 오르락내리락하는 성곽의 아름다운 선을 한껏 눈에 담을 수 있고, 반대로 도성 안에서 밖을 향해 시선을 두면 현재 서울이 된 구역들을 한눈에 바라볼 수 있다. 순성길의 두 가지 시선 모두 개성 넘치는 매력이 있다.

남산 중턱까지 오르면 남산공원이 펼쳐진다. 여기에는 세 개의 동상이 서 있다. 바로 이시영 선생, 백범 김구 선생, 안중근 의사의 동상이다. 일제강점기 나라

의 독립을 위해 그 누구보다도 앞장섰던 인물들이다.
조금 더 걸어가면 한양도성 유적전시관이 보인다. 이
곳은 일제강점기인 1925년에 일본이 세운 조선 신궁
이 있었던 자리이다. 조선 신궁이 들어서면서 성곽이
훼손되었다. 광복 이후 조선 신궁은 사라지고 한양도
성을 복원하는 과정에서 발굴 조사를 진행했는데, 도
성을 처음 쌓았을 때부터 발굴 조사 전까지 시기별 지
층이 모두 나타났다. 그래서 이곳은 유적을 생동감 있
게 볼 수 있도록 야외 발굴 현장처럼 모두 공개해 놓았
다. 안내 글을 보며 이곳에 쌓인 시간들을 자세히 살펴
보자.

　이제부터 남산 정상까지 올라가야 하니 단단히 각
오해야 한다. 성곽 안쪽에서 산의 능선을 따라 걷다
보면 점점 숨이 가빠질 것이다. 그냥 걷는 것도 힘든
데 이 성곽을 직접 쌓았을 백성들은 얼마나 더 힘들
었을까? 건설 기계도 없던 시대에 나라의 의무 공역
으로 대가 없이 돌을 옮기고 쌓았던 백성들의 모습이
머릿속에 그려진다. 안전 장비도 없이 무거운 돌을 짊
어지고 나르며 때때로 다치기도 했을 광경이 눈에 선
하다.

　반대로 도성과 나라의 주인인 왕은 어땠을까? 처음

도성 축조를 명했던 태조는 1차 공사가 완료된 후에 공사장을 둘러보았다. 새 나라의 수도가 위엄 있게 완성되어 가고 있음에 뿌듯해했을까? 장수 출신이었으니 성곽이 무너지는 일이 없도록 굳세고 강한 나라를 만들겠다고 다짐했을까? 도성은 왕도(왕궁이 있는 도시)의 상징이었으니, 그 위엄이 올곧게 서 있음을 현장에서 확인하고 흐뭇하게 바라보았을 것이다.

시간이 지나 일제에 의해 성곽이 허물어지는 모습을 바라보던 사람들의 어두운 표정까지 상상해 본다. 다른 나라에 의해 도성이 무너진다는 것은 나라의 운명이 바람 앞의 등불처럼 위태롭다는 의미이니 하루하루가 불안하고 두려웠을 것이다. 우리의 발걸음이 닿는 곳마다 도성의 역사가 한 줄씩 더 채워진다.

다 오르고 나면 끝이 보이지 않을 정도로 높게 솟은 N서울타워를 마주하게 된다. 이곳은 내국인 및 외국인에게 관광 코스로 사랑받는 곳이라서 일 년 내내 북적인다. N서울타워는 1960년대 서울과 경기도에 TV와 라디오를 송출하기 위해 설치한 전파탑으로, 현재는 층별로 전망대와 식당이 위치한 서울의 랜드마크 역할을 한다. 유료로 이용하는 타워 전망대에 오르지 않아도 광장 둘레에 마련된 야외 전망대에서 아래를 내려다보면 서울 시내가 시원하게 보인다. 고생해서 걸어 올라온 만큼 전망대에서 내려다보는 서울의 풍경이 더 멋져 보일 것이다.

타워 광장 주변 곳곳에 있는 벤치에 앉아 쉬는 시간을 충분히 가져 보자. 가만히 앉아 있으면 이곳에서 추억을 만드는 사람들이 눈에 들어온다. N서울타워를 배경으로 사진 찍는 사람들, 영원한 사랑을 약속하며 광장 한쪽 벽에 자물쇠를 채우는 커플들, 아기자기한 소품 숍을 구경하며 기념품을 사는 가족들까지 남녀노소 모두 즐거운 시간을 보낸다.

이제 도성의 동쪽 방향으로 천천히 내려가자. 성곽 안팎을 교차해 내려오다가 길이 잠시 끊기지만 반얀트리 클럽 앤 스파 서울 호텔 주차장 뒷길을 따라 걸어가면 다시 순성길에 진입할 수 있다. 이 길에선 성곽 너머로 서울 시내를 내려다보며 각 계절을 깊이 느끼기에 좋다. 이어지는 신라호텔 뒷길을 따라 걸으면 성곽 아래 골목길을 오가는 오토바이와 자동차, 일상을 살아가는 사람들의 모습이 보인다. 이 길은 동네 주민을 제외하고는 걷는 사람이 많지 않기 때문에 고요하게 성곽길을 산책할 수 있다. 신라면세점 뒷길을 따라 내려와 장충체육관이 보이면 남산 순성길은 끝이다.

길을 건너 광희문으로 향하는 순성길에 진입해 보자. 여기부터 광희문까지는 성곽이 멸실된 구간(현재 복원이 불가능한 구간)이기 때문에 흔적을 찾기는 힘들지만, 가끔 골목 사이에서 누군가의 집 담벼락이 되어 있는 성곽의 일부를 발견할 수 있다. 예상치 못한 보물을 찾은 듯한 짜릿함이 느껴지는 순간이다. 순성길 안내판을 따라 성곽을 다시 발견하면 광희문이 어느새 저 앞에서 우리를 맞이하고 있다.

광희문은 도성의 동남쪽에 있는 작은 성문이다. 도성을 축조할 때 동서남북 방향에 세운 사대문 외에도 사대문 사이사이에 작은 성문 네 개(사소문이라 칭함)를 추가로 지었다. 사소문을 세운 가장 큰 이유는 한반도의 각 지역과 한양을 여러 방향으로 연결하기 위해서였다. 한양으로 쉽게 접근하기 위한 도로망을 촘촘히 구축한 셈이다. 또한 유통망을 갖추기 위한 이유도 있다. 한양은 산으로 둘러싸인 분지(해발 고도가 더 높은 지형으로 둘러싸인 평지)형 도시라서 지리적으로도 외적에 대한 방어력은 충분했다. 이에 더해 성곽까지 쌓으니 오히려 사람과 물자가 통하기 어렵다는 단점이 생겼다. 원활한 유통을 위해서도 사소문이 꼭 필요했다.

사소문 중 광희문이 필요했던 이유가 하나 더 있다. 광희문의 별명과 연관이 있는데, 백성들은 이 문을 시구문이라고 불렀다. 한양 밖에서 장례를 치를 때 시신을 안치한 상여가 나가는 문이었기 때문이다. 전염병이 무섭게 확산될 때는 이 문을 통해 죽은 백성들을 내다 놓았다. 위엄이 높은 사대문으로 시신을 옮길 수는 없으므로 작은 성문을 사용했던 것이다.

이제 도착지인 흥인지문이 가까워 온다. 순성길 안내판을 따라 흥인지문으로 향하는 길에 독특한 외양을 가진 동대문디자인플라자(DDP)가 보인다. 외벽이 부드러운 곡선 형태로 굽어 있고 벽 전체가 은색 알루미늄 패널로 마무리되어, 마치 외계인이 타고 온 UFO가 있다면 딱 이렇게 생기지 않았을까 생각되기도 한다. DDP는 여성 최초로 프리츠커상을 수상한 건축가 자하 하디드가 설계한 건축물로, 동대문운동장이 있던 자리에 조성된 복합 문화 공간이다. 건축물의 전체 틀은 한양도성이 서울을 감싸는 모양에서 영감을 얻었다고 한다. 이곳에서 미술 전시, 건축 투어, 패션 및 뷰티 관련 다양한 문화 행사가 열리니 다음에는 이곳을 중심으로 문화 탐방을 해도 좋을 것이다.

마침내 오늘 산책의 도착지, 흥인지문이 보인다. 한

양도성의 동쪽 문이라 동대문이라고도 불린다. 사대문과 사소문 총 8개의 도성 성문 중 유일하게 옹성으로 되어 있다. 옹성의 옹(甕)은 항아리라는 뜻인데, 평지에 위치한 성문이라 공격에 취약해서 더욱 적극적으로 방어하기 위해 항아리를 붙여 놓은 듯 반원형의 성문을 덧대었다.

여기까지 다치지 않고 안전하게 도착한 당신에게 축하의 박수를 보낸다. 오래 걷다 보면 발목을 다칠 수도 있고, 속도 조절을 잘 못하면 체력이 바닥나 중도에 멈춰야 하는 경우도 있기 때문이다. 만약 에너지가 조금 남아 있다면 잠시 동대문종합시장을 구경하고 마무리하면 어떨까? 동대문종합시장은 서울에서 가장 큰 의류 재료 전문 상가로 도소매 거래가 활발하다. 시장 안팎에 침샘을 자극하는 식당이 많으니 어떤 메뉴든 하나는 꼭 먹어 보길 바란다.

한양도성은 시대에 따라 의미가 변해 왔다. 조선시대에는 수도의 위엄을 나타내는 표식이었고, 일제강점기에는 다른 나라에게 주권을 빼앗기는 아픔이었고, 현대에는 역사를 기억하고자 하는 외침이 되었다. 앞으로도 성곽의 이야기가 층층이 덧붙여져 한양도성은 더욱 다채로워질 것이다.

오늘 걷지 않은 나머지 절반 구간도 굳건한 의지를 가지고 꼭 도전해 보자. 힘든 만큼 아름다운 서울의 풍경을 찬란하게 바라볼 수 있을 것이다.

🔍 더 알아보기
도성이 지나온 시간

조선을 건국한 태조는 수도의 높은 위엄을 드러내기 위해 도시의 상징적인 경계선을 표시했다. 그것이 둘레 18km를 훌쩍 넘는 도성이다. 1396년 건설을 시작하여 여러 번의 수리 공사를 거치면서 500여 년 동안 성곽으로서 수도의 경계를 명확히 표시했다. 외적의 공격에 대비하기 위한 군사적 목적보다는 수도와 왕도를 표현하는 상징적인 의미가 크다.

그런데 지금은 중간중간 성곽의 흔적이 사라진 곳도 많다. 일부 구간은 도대체 어디에 성곽이 있었다는 건지 알아볼 수 없을 정도이다. 일제강점기에 많은 부분이 훼손되었고 광복 이후에도 집, 도로, 학교를 지으며 원형을 잃었기 때문이다. 1970년대부터 남아 있는 곳을 보수하고 멸실된 곳은 복원하기 시작했지만, 온전한 옛 모습으로 되돌리기엔 서울은 이미 많이 변해 버렸다. 현재는 전체 구간 중 70% 정도가 원형 그대로 혹은 복원된 모습으로 남아 있다.

한편, 산책길에 본 사대문의 이름이 복잡하고 어렵게 느껴졌을지도 모르겠다. 방향에 따라 동대문, 서대문, 남대문, 북대문이라고 부르면 편할 텐데 어려운 이름을 붙인 이유는 무엇일까? 조선 건국에 가장 많은 공을 세운 정도전은 새 나라에서 살아갈 사람들에게 꼭 지켜야 할 다섯 가지 덕목을 알려 주고 싶었다. 어진 마음 '인(仁)', 의로운 마음 '의(義)', 예의 바른 마음 '예(禮)', 지혜로운 마음 '지(智)', 믿음직한 마음 '신(信)'. 동서남북순으로 사람의 도리를 뜻하는 한자를 한 글자씩 넣어 흥인지문(興仁之門), 돈의문(敦義門), 숭례문(崇禮門), 숙정문(肅靖門)을 세웠다. 마지막 하나, 믿음직한 마음 '신'은 조선시대 말 고종 때 종을 달아 두는 누각에 붙여 보신각(普信閣)이라 했다. 사람들에게 시간은 곧 믿음이기에 한양 중심의 시장에 종을 설치해 시간을 알려 주는 역할을 했다.

그런데 북쪽 문 이름인 숙정문이 이 규칙에 어긋난다. 여러 가지 설이 있지만 지혜로운 마음 '지'가 북쪽 기운과 맞지 않는 단어라서 바꿨다는 설이 가장 지배적이다. 사대문에 담긴 뜻을 이해하는 것만으로도 한국이 오랜 역사를 거치며 어떤 가치를 중요하게 여겨 왔는지 알 수 있다.

▨

- **이시영** | 남산공원에 있는 첫 번째 동상 주인공이다. 자신의 형제들과 함께 조상에게 물려받은 서울 명동 및 경기도 일대의 땅을 팔아 만주에 독립군을 양성하는 학교를 세워 운영했다. 광복 이후 대한민국의 초대 부통령을 지내기도 했다.

- **백범 김구** | 남산공원의 두 번째 동상 주인공이다. 백범 김구 선생은 1919년 3.1 운동 이후 중국 상하이에 있는 대한민국 임시정부에 합류했다. 경무국장이 되어 교민들의 안전을 책임지고 밀정(일본의 앞잡이가 되어 독립운동가를 살피는 사람)을 처단했다. 이후 임시정부 주석의 자리에서 어렵게 임시정부 조직을 지휘한 끝에 광복을 맞았지만 분단 상황에 처한 나라 상황에 슬픔을 토로했다. 통일 정부를 수립하기 위해 애쓰다 암살당해 생을 마감했다.

- **안중근** | 남산공원의 세 번째 동상 주인공이다. 안중근 의사 기념관 옆에 동상 말고도 안중근 의사가 남긴 글이 크고 작은 비석들에 새겨져 있다. 나라를 일본에게 빼앗길 위험에 처하자 그는 학교를 세워 민족과 독립을 위해 힘쓸 인재를 양성하다가, 독립군으로서 의병 활동에 매진했다. 1909년에는 하얼빈에서 대한제국 침략에 앞장선 이토 히로부미를 저격해 사살했다. 감옥에 있으면서도 '동양평화론'을 집필하는 등 그가 가진 사상이 널리 전파되기를 염원했지만 일본의 재판을 받아 사형당했다.

- **조선 신궁** | 현재 한양도성 유적전시관 자리에는 조선 신궁이 있었다. 1925년 일본은 남산에 국가의 종교 시설인 신사를 세웠다. 여러 신사 중에서도 가장 격이 높은 모습으로 지었다. 식민지를 정신적으로 통제하기 위한 시설이었다. 1945년 일본이 2차 세계대전에서 패한 직후 스스로 신궁을 해체했다.

06

조선왕릉

📍

선릉 · 정릉

· 산책 테마 ·
서울 강남의 최고 명당을 거닐다

걸음 수 | 6천 보
소요 시간 | 2시간

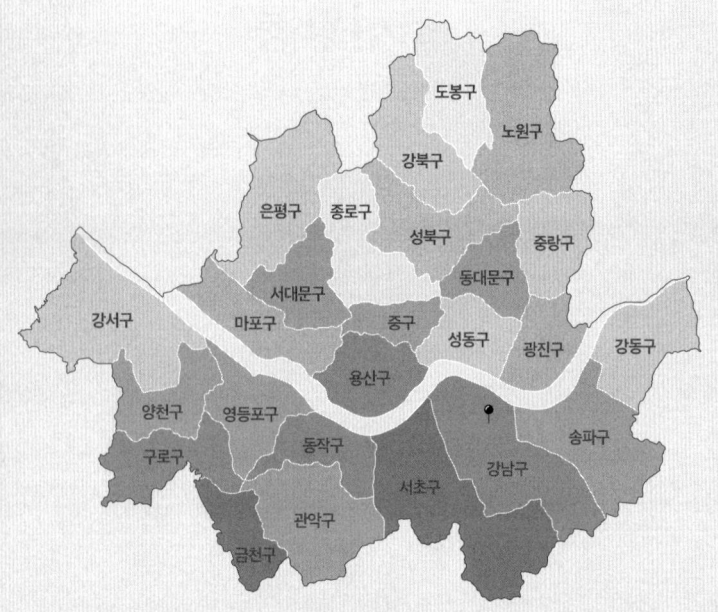

여태껏 서울 중에서도 주로 한강 윗마을을 돌아다닌 것 같아서 이번에는 한강을 건너 아랫마을로 가볼까 한다. 한강 아래 지역인 강남은 어디를 가도 높은 빌딩 천국이다. 거리를 걷다 보면 케이팝, 뷰티, 패션 등 한국 문화의 최신 트렌드를 파악할 수 있다.

그중 우리가 거닐 산책지는 지하철 2호선 및 수인·분당선 선릉역에서 아주 가깝다. 선릉역 10번 출구로 나와 5분 정도 걸으면 갑자기 숲이 우거진 유적지가 나타난다. 한국의 국가유산이자 유네스코 세계유산인 조선왕릉이다.

조선왕릉은 조선시대 왕과 왕비의 무덤을 말한다. 그중 강남에 있는 선릉(宣陵)과 정릉(靖陵)에는 조선의 왕 2명과 왕비 1명, 총 3기의 무덤이 모여 있다. 이곳은 한국에 있는 조선왕릉 40기 중 서울 도심에서 가장 접근성이 좋은 곳이다. 왕릉은 보통 서울(조선시대 당시 한양) 밖 4~40km 범위에 조성되다 보니 현재 서울 도심에서도 조금 벗어난 위치에 있다. 그런데 선릉과 정릉은 인문 환경이 강하게 뿌리 내린 강남에 위치해 도시가 익숙한 사람들에게 놀라움과 신선함으로 다가온다. 당시 자연이 가진 좋은 기운을 최대한 보존하면서 인위적인 시설은 최소화하는 방식으로 왕릉을 조성했기 때문에 조경된 공원에서는 느낄 수 없는 자연스러움을 이곳에서 발견할 수 있다.

그런데 왜 하필이면 가장 현대적이고 가장 높고 가장 비싼 것으로 둘러싸인 강남에서 가장 예스러운 조선왕릉을 산책하는 걸까? 바로, 이번 산책의 테마가 '강남에서 최고 명당 거닐기'이기 때문이다. 먼저 '명당'이라는 단어를 이해할 필요가 있다. 명당이란 뭘까? 가장 비싼 토지나 건물을 말하는 걸까? 한국 역사에서 명당은 '산과 물의 배치가 잘되어 있어 그 기운이 막히지 않고 잘 흐르는 땅의 영역'을 일컫는다. 조상들은 그러한 곳에 살거나 묘를 만들면 후손에게 좋은 일이 많이 생긴다고 믿었다. 특히 조상의 무덤을 만들 때 장소 선정에 심혈을 기울였다. 부모와 조상에 대한 효를 실천하면서 현재와 미래의 복을 기원한 것이다. 그렇게 선정된 곳이 선릉과 정릉이고, 값비싼 건물로 둘러싸인 강남 속 특별한 공간이다.

선릉과 정릉은 시간 여유를 갖고 차분한 마음으로 산책하는 것이 좋다. 총면적이 7만 2천 평에 달하기 때문이다. 유적지를 답사하며 공부한다는 마음보다는 오랜 역사를 살짝 엿보면서 자연의 좋은 기운을 몸에 휘어 감고 돌아온다는 목표를 가지면 더 좋을 것 같다. 왕릉을 둘러싼 숲길이 잘 조성되어 있어 계절의 변화도 깊이 느끼는 산책이 될 것이다.

선릉과 정릉은 총 3기의 능과 관련 시설로 구성되어 있다. 왼쪽에 2기의 선릉이 있고, 오른쪽에 1기의 정릉이 단독으로 배치되어 있다. 우리는 선릉을 거쳐 정릉을 만나는 코스로 산책할 예정이다. 전체 공간을 왼쪽에서 시작해 시계 방향으로 돌며 다시 나온다고 생각하면 된다.

왕릉은 단순한 무덤이 아니다. 극진한 예와 엄중한 격식을 갖춰 나라의 대표 제사를 지내는 곳이기에 각 공간의 의미와 역할을 구분하여 진입 공간, 제향 공간, 능침 공간, 총 세 곳으로 나누어 조성했다. 진입 공간은 신을 만나기 위한 사전 작업을 하거나 마음가짐을 정돈하는 곳이다. 다음은 제향 공간이다. 세상을 떠난 왕과 왕비를 위한 제례(격식과 예의를 갖춰 진행하는 제사)가 진행되는 공간이다. 마지막은 능침 공간이다. 왕과 왕비가 영원히 잠들어 있는 곳이다. 자, 이제 본격적으로 산책에 나서 보자.

입장권을 태그하고 지도를 챙겨 왼쪽으로 방향을 꺾어 걷다 보면 소박한 기와집이 보인다. 왕릉의 첫 번째 공간인 진입 공간이다. 재실이라 부르며, 왕릉 관리자가 여기에 머무른다. 안으로 들어가 보면 공간은 그리 넓지 않지만 격식을 갖춘 분위기가 느껴질 것이다. 관리자는 이곳에서 지내며 왕릉 관리뿐 아니라 제례에 관한 제반 사항을 감독 및 준비 한다.

재실을 지나 조금 더 걸어가면 각 왕릉을 소개하는 작은 전시관이 나타난다. 이곳은 그냥 지나쳐도 좋다. 팸플릿에 지도와 왕릉에 대한 중요 정보 대부분이 실려 있으니 현장을 좀 더 자세히 둘러보는 편이 낫다. 2기의 능이 모셔져 있는 선릉을 향해 계속 걸으면 푸른 잔디가 펼쳐진 너른 공간이 나온다. 그 맨 앞에 목조 구조물 하나가 참 독특하게 생겼다. 붉은색 나무 기둥이 나란히 땅을 짚고 서 있는데 이것을 홍살문이라 한다. 상부에 날카로운 화살 모양의 나무살까지 설치해 문의 형태를 갖추었다. 붉은색과 화살 모양의 나무 살 모두 나쁜 기운을 내쫓는 의미를 가진다.

재실부터 홍살문까지가 첫 번째 진입 공간의 구성 요소이다. 원래는 진입 공간에 포함되는 시설이 하나 더 있다. 홍살문 앞에 얕게 흐르는 물길과 그 물길을 건너는 돌다리(금천교라 칭함)이다. 물길은 왕릉에 나쁜 기운을 들이지 않기 위한 경계의 의미로 설치하지만, 시간이 흐르면서 훼손되어 볼 수 없는 곳이 더러 있다. 이곳도 마찬가지로 홍살문 앞 물길은 볼 수 없고 세 번째 능침 구역까지 가야 이전 물길의 일부분을 발견할 수 있다.

붉은 홍살문을 지나면 두 번째 공간인 제향 공간에 들어선다. 이제부터는 왕과 왕비가 잠들어 있는 곳에 점점 더 가까워지니 몸가짐을 보다 정갈히 하고 발걸음을 옮기자. 정자각(제례가 본격적으로 진행되는 건물)까지 일자로 돌길이 깔려 있는데, 이 길을 걸을 때 반드시 주의할 사항이 있다. 왼쪽 길로 걸으면 안 된다. 돌길이 하나처럼 보이겠지만 엄연히 두 길로 나뉘어 있다. 자세히 보면 왼쪽과 오른쪽 길의 높낮이가 다른데 왼쪽은 향로(香路)라 하여 왕과 왕비의 혼령이 걷는 길이다. 오랜 시간이 흘렀지만 왕릉에 잠들어 있는 역사 속 주인공들과 이 공간을 만든 사람들의 생각을 존중하는 의미로 비워 둔다.

우리는 제례를 주관하는 왕이 걷는 오른쪽 길로 나아가 보자. 한 걸음 한 걸음 내디딜 때마다 정적보다는 평온함이 마음에 채워지는 느낌이다. 왕릉에 죽은 자 홀로 쓸쓸하게 있는 것이 아니라 지금처럼 살아 있는 자들이 이 공간을 채워 예의와 존경의 마음을 경건하게 쌓고 있기 때문이다.

어느새 정자각 앞에 다다랐다. 정자각에 오를 때는 오른쪽 모퉁이에 있는 계단을 이용하는데, 두 개의 계단 중 난간이 없는 간소한 계단(어계. 御階)으로 올라가야 한다. 난간에 화려한 문양을 새긴 계단은 홍살문 앞 돌길과 마찬가지로 혼이 오르는 계단, 즉 신계(神階)이다.

과거 이곳에선 제례 의식이 펼쳐졌다. 제례를 통해 능에 잠들어 있는 조상의 혼을 만난다고 여겼다. 향로(향을 피우는 화로)에서 퍼지는 연기로 제례의 시작을 알리면, 왕릉을 찾은 왕은 엄숙한 분위기로 의식을 시작한다. 참석한 많은 신하 중 제관(제사를 주관하는 관원)을 맡은 고위 관료 세 명이 갖가지 음식이 차려진 상 앞에서 절차에 따라 신에게 한 번씩 술을 올린다.

그리고 모두 함께 신을 향해 네 번 절하며 존경을 표한다. 마지막으로 축문(혼령에게 바치는 편지)을 태우는 것으로 마무리된다. 축문에는 조선의 역사를 써 내려간 선대왕들의 업적을 기리는 내용을 담는다.

당시에는 사계절을 상징하는 여섯 개의 절기에 지내는 속절제(俗節祭)와 각 왕과 왕비의 기일(왕과 왕비가 세상을 떠난 날)에 지내는 기신제(忌晨祭)를 진행했다. 현재는 조선왕조의 후손 단체(전주 이씨 대동종약원)에서 정기적으로 기신제를 지낸다. 궁능유적본부 누리집에서 매년 양력을 기준으로 제향일정을 공지하니, 시간이 된다면 현장 관람을 추천한다. 세상을 떠난 이들과 현재를 살아가는 이들이 만나는 장면을 목격하게 될 것이다.

마지막 능침 공간은 왕릉의 핵심인 능(왕이나 왕비의 무덤을 높여 부르는 말)이 조성된 곳이다. 능은 신이 모셔진 공간이라 여겨 사람이 서는 자리보다 높은 곳에 조성했다. 관리소에서 지정한 길을 따라 오르면 살펴볼 수 있다. 정자각 뒤 왼쪽 언덕에는 조선의 아홉 번째 왕인 성종의 능이, 오른쪽 언덕으로 가면 성종의 세 번째 왕비인 정현왕후의 능이 모셔져 있다. 먼저 성종을 만나 보자. 언덕에 올라 가까이 다가가면 언덕 끝에 둥글게 흙을 쌓아 올린 봉분 형태의 능이 있다. 그리고 그 능을 화려하게 두른 병풍석과 난간석이 위엄을 높인다.

무덤 주변에 각종 석물이 많은 것이 왕릉의 또 다른 특징이다. 능 앞에 놓인 네모난 탁자식 석물은 혼유석(魂遊石)으로, 혼령이 노니는 곳이다. 주변에 있는 사람 및 동물 형상의 조각은 모두 무덤을 지키는 존재들이다. 능과 가장 가까운 곳에서 능을 지키는 동물들은 바깥쪽을 향해 서 있는데 주위에 있는 나쁜 기운으로부터 혼을 지키기 위함이다. 사람 형상의 석물은 두 종류이다. 사각 모양의 작은 패를 손에 쥐고 있는 문석인(文石人)과 갑옷 차림으로 기다란 칼을 쥐고 있는 무석인(武石人)이다. 조선의 신하들은 글로 나라를 지키는 문신과 힘으로 나라를 지키는 무신으로 구성되었다. 이들을 능 바로 아래에 배치하여 왕과 왕비가 사후에도 그 나름의 세계에서 신하들의 충성과 존경을 받을 수 있도록 했다.

이번에는 오른쪽 언덕으로 이동해 또 다른 선릉인 정현왕후 능으로 가 볼까? 왕릉은 같은 봉분 아래 왕과 왕비를 함께 모신 경우도 있고, 왕과 왕비가 완전히 다른 지역으로 나뉘어 모셔진 경우도 있다. 능으로 오르기 직전에 이상한 돌 조각 하나를 발견하게 될 것이다. 흙에 파묻혔다가 일부 표면이 노출된 형상으로 정현왕후의 능에 있던 것인데, 파손되고 보수하는 과정에서 소실된 것으로 추정한다. 오랜 시간이 흐른 후 비가 내려 흙이 깎인 곳에서 발견되었다. 이 석조물을 통해 왕릉에도 우여곡절의 사연이 담겨 있음을 간접적으로 알 수 있다. 언덕을 올라 능을 가까이에서 보면 전체적인 형식은 성종의 능과 흡사하지만 봉분 자체만으로는 왕보다 품격이 한 단계 낮다. 무덤 둘레에 능을 단단히 고정하듯 감싸는 화려한 병풍석이 없다. 그 바깥을 두른 난간석만 있을 뿐이다.

마지막 코스, 정릉으로 가는 길을 따라 걷노라면 몸과 마음이 절로 상쾌해진다. 정현왕후 능의 뒷길을 따라 만든 숲길이기 때문이다. 봄에는 꽃이, 여름에는 짙은 녹음이, 가을에는 울긋불긋 단풍이, 겨울에는 푸른 소나무가 하얀 눈꽃 옷을 입고 서 있다. 계절의 변화가 온몸으로 느껴지는 곳이다. 자연을 변형시켜 왕릉을 조성한 것이 아니라 있는 그대로의 자연 속에 왕릉이 폭 안긴 듯한 느낌이다.

당시 조선의 왕들은 능에 행차할 때 왕릉이 잘 관리되고 있는지 확인했다. 왕릉 주변 나무들이 병충해를 입지는 않았는지, 홍수가 날 위험은 없는지 꼼꼼히 확인하고 수시로 보수했다. 그렇게 오랜 세월 정성을 다해 관리한 덕분에 현대 사람들은 이곳을 유적지로만 바라보지 않고 집 주변 숲길을 산책하듯 편하게 찾고 걷고 즐긴다. 가을에는 데이트하는 연인도 많다. 가벼운 걷기 운동으로 활력을 얻고, 맑은 공기에 머리가 맑아지고, 아름다운 풍경에 눈이 행복해지고, 깊은 역사 지식까지 채워진다. 정릉으로 향하는 길을 걷다 보면 조선왕릉이 세계유산으로 지정된 이유를 깊이 체감할 것이다.

조선 11대 왕 중종을 만날 수 있는 정릉이 어느새 코앞이다. 이곳의 분위기는 선릉과 사뭇 다르다. 홍살문과 정자각, 왕릉이 일직선으로 배치되어 있다. 이것이 왕릉의 정석 배치법이다. 선릉의 정자각과 능은 일렬로 나란히 놓여 있지 않다. 이는 땅의 기운이 막힘없이 흐르도록 하기 위해서였다. 이처럼, 북한에 있는 2기를 포함한 조선왕릉 42기의 땅의 기운이 모두 다르고, 왕릉을 조성할 당시의 상황도 모두 달랐기에 왕릉의 형태 또한 같지 않다. 그렇기에 이후 다른 왕릉에도 가볼 만한 이유가 된다.

정릉을 인상 깊게 기억하게 될 이야기를 하나 풀어

볼까 한다. 사실 원래 중종을 모신 곳은 이곳이 아니었다. 처음에는 현재 경기도 고양시에 위치한 희릉(중종의 두 번째 왕비인 장경왕후 능)과 나란히 조성했는데, 나중에 중종의 세 번째 왕비 문정왕후가 희릉은 그대로 두고 중종의 능만 이장했다. 중종 옆자리에 자신이 잠들기를 바랐기 때문이다. 문정왕후는 자신이 믿고 따르는 스님과 상의하여 또 다른 명당을 찾아 현재 위치로 중종의 능을 옮겼다.

하지만 중종의 옆에 묻히고 싶다는 문정왕후의 바람은 결국 이루어지지 못했다. 문정왕후가 승하한 이후 나라에서는 현재 서울 노원구에 능(태릉)을 조성했다. 당시 신하들은 장마가 질 때 간혹 정릉의 진입 공간이 침수되는 일이 있으니 좋지 않다고 건의했고, 문정왕후에 대한 백성들의 인식도 좋지 않았기에 여러모로 중종 옆에 나란히 놓는 것은 어렵다고 판단한 듯하다. 말하자면 풍수지리는 핑계고, 문정왕후에 대한 역사적 평가가 왕릉을 조성하는 과정에서 드러난 것이다.

안타까운 이야기가 하나 더 있다. 선릉과 정릉 3기의 능은 모두 허묘이다. 시신이 없다는 뜻이다. 임진왜란 시기에 왜적이 선릉과 정릉을 파헤쳐 훼손했다. 이곳에 귀한 보물을 넣어 두었다 여겼기 때문이다. 심지어 재궁(왕과 왕비의 관을 높여 부르는 말)까지 불태웠다. 당시 이 소식을 접한 선조와 신하들은 분노하지 않을 수 없었다. 신하들은 이후 성종, 정현왕후, 중종이 입었던 옷을 태워 생긴 재를 모아 관에 넣은 후 보수했다. 조선왕릉 가운데 왜적에 의해 끔찍한 일을 당한 곳은 선릉과 정릉뿐이다.

가장 현대적이며 가장 비싼 것으로 둘러싸인 강남에서 지리, 역사, 문화적으로 최고의 가치를 지닌 명당을 산책해 보았다. 조선시대에는 왕릉의 신성한 기운을 지킨다는 이유로 왕릉 밖 일정 구역까지 사람들이 살지 못하게 했다. 덕분에 선릉과 정릉 주변의 경치가 지금까지 잘 보존되어 있다. 이는 다른 조선왕릉도 마찬가지여서, 한국에 있는 조선왕릉 40기와 주변 경치가 대부분 온전히 보존되어 있다.

선릉과 정릉에서 시작한 산책이 만족스러웠다면 나중에 다른 왕릉으로 이어가 보길 바란다. 곳곳에 조선의 역사와 자연이 어우러진 명당들이 기다리고 있다.

왕릉의 의미,
그리고 웅장함에 가려진 사람들

조선왕릉에는 조선시대의 가치관이 잘 드러나 있다. 조선의 사회적 가치관 중 가장 중요한 것은 '효(孝)'로, 현재의 나를 있게 한 부모와 조상에게 극진한 예를 다하고자 했다. 이를 상징적으로 보여주는 공간이 바로 조상의 '혼(魂)'을 모시는 사당인 종묘(宗廟)와 죽은 육신인 '백(魄)'을 모시는 왕릉이다.

왕릉은 조선의 지엄한 왕권을 보여 주는 공간이기도 하다. 왕조 국가에서 왕은 곧 나라를 상징하기에 새로 즉위한 왕은 좋은 땅의 기운이 서려 있는 곳에 선대 왕을 모시고 기렸다. 영원히 저물지 않을 권위와 지엄한 왕권을 보여 주려 한 것이다.

무엇보다도 현재를 올바르게 살아가자는 다짐을 하게 된다는 것이 왕릉 산책의 가장 큰 장점이다. 이곳에 왕과 왕비를 영원히 모신다는 것은 이들의 역사를 영원히 기억한다는 뜻이다. 역사를 통해 위기를 극복하는 지혜를 얻기도 하고, 삶의 방향을 정하는 순간에 바른 선택을 할 수 있다. 이것이 왕릉을 보존하고 후대에 계승하고자 하는 이유일 것이다.

그런데 우리가 왕릉에서 미처 보지 못한 것이 하나 있다. 바로 왕릉을 조성한 사람들이다. 왕릉은 왕의 죽음으로 시작되지만 마지막은 수많은 백성의 손에 의해 완성된다. 왕릉 조성의 공역에도 조선 백성들의 무상 노동력이 이용됐다.

터가 결정되면 각 지역의 백성을 동원하여 공사를 시작한다. 보통 6천 명에서 1만 명 정도가 동원될 정도로 나라를 대표하는 대공역이었다. 재궁은 보통 3m 아래 마련된 석실에 넣기 때문에 땅을 깊게 파야 한다. 그리고 왕릉의 가장 가까운 곳에서 나쁜 기운을 내쫓는 양과 호랑이, 문석인과 무석인까지 각종 석물을 섬세하게 조각해야 한다. 무거운 돌을 옮겨 조각하는 석공들의 손이 바쁘게 움직인다. 그리고 제례가 진행되는 정자각과 제례 음식을 준비하는 공간, 관리 공간인 재실까지, 나무를 자르고 깎아 건축물을 짓는 장인들이 끊임없이 땀을 흘린다.

이렇게 완성된 조선왕릉은 단순한 '왕의 무덤'이 아니다. 당대 최고의 기술과 백성들의 헌신으로 빚어낸 '역사의 기록'이다.

- **성종** | 웅장한 선릉의 첫 번째 주인공은 조선 9대 왕 성종이다. 25년간 나라를 다스리다가 1494년 승하했다. 13세의 어린 나이에 즉위했지만 학문에 매진하여 정치, 경제, 사회, 문화 등 국가 전반의 시스템을 완성 단계로 올려놓았다. 승하한 후 연산군과 신하들이 조선의 정책을 널리 폈다는 의미를 넣어 성종의 능호를 선릉(宣陵)이라고 지었다.

- **정현왕후** | 정현왕후는 성종의 세 번째 왕비이다. 성종의 첫 번째 왕비는 성종이 왕으로 즉위한 지 4년 만에 세상을 떠났다. 두 번째 왕비는 국모의 모범을 보이지 못했다는 이유로 폐위되어 왕비의 지위를 잃었다. 이후 성종의 후궁이었던 정현왕후가 세 번째로 왕비 자리에 올랐다. 자애로운 성품으로 궁 안의 여성들을 잘 이끌었다는 평을 받는다. 또한 성종의 두 번째 왕비가 낳은 아들(연산군)을 친아들처럼 길렀으나 훗날 그가 즉위한 후 폭정을 저질러 반정세력에 의해 폐위되는 과정을 목격했다. 폐위된 연산군에 이어 어좌에 오른 주인은 정현왕후가 낳은

아들이자 연산군의 배다른 아우, 정릉의 주인공인
중종이다.

- **중종** | 조선의 11대 왕이다. 중종은 조선 역사 최초
로 신하들이 주도한 반정에 의해 왕이 된 인물이다.
연산군이 폭정으로 폐위된 후 배다른 동생 진성대
군이 왕위에 오른 것이다. 반정의 계획과 실행이 신
하들로부터 시작되었기에 즉위한 초반에는 왕권이
약했다. 반정 공신들의 세력이 점점 커지자 정치 개
혁을 위해 훌륭한 인재를 들이는 등 여러 노력을 기
울였지만 온전히 실행되지는 못했다.

서울
산책자

07

박물관

📍

국립중앙박물관
· 전쟁기념관

· 산책 테마 ·

실내 못지않게 실외에도 볼거리가 많은
박물관 탐방

걸음 수 | 2만 보
소요 시간 | 7시간

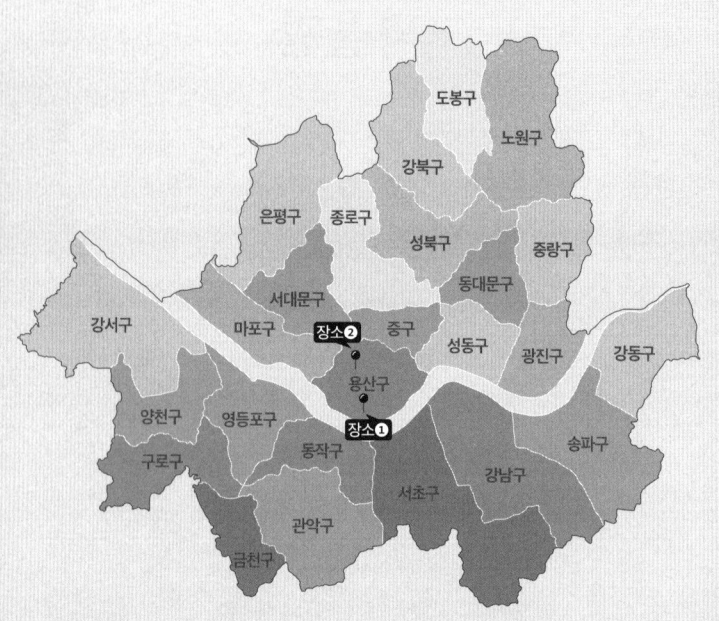

이번에는 서울 용산구에 있는 박물관과 기념관에 가 볼까 한다. 편안한 실내 산책인가 싶겠지만, 실내인 듯 실내 아닌 산책이 될 것이다. 야외 공간이 비교적 큰 비중을 차지하기 때문이다. 시시각각 변하는 서울의 사계절 풍경을 마음껏 감상하고, 더불어 공공성을 띤 실내 전시 공간을 관람하면서 재미와 유익함을 동시에 누릴 수 있다.

소개할 두 장소가 그리 멀지 않은 곳에 있으니 오전과 오후로 시간을 나누어 방문해도 좋고, 여유를 갖고 자세히 관람하고 싶다면 하루에 한 곳씩 방문해도 좋다. 순서도 크게 상관없으나 여기서는 주제의 폭이 넓은 곳에서 좁은 곳으로 이동하며 소개하고자 한다.

먼저 갈 장소는 한국에서 규모가 가장 큰 박물관인

국립중앙박물관이다. 이곳에선 한국뿐 아니라 세계 역사와 문화까지 폭넓게 향유할 수 있다. 다음 장소는 전쟁의 교훈을 새기고 평화를 기원하는 전쟁기념관이다. 두 공간을 가 보면 한국 사회가 발전해 온 궤적과 세계인이 공감하는 보편적인 가치를 확인할 수 있을 것이다.

첫 번째 장소
국립중앙박물관

국립중앙박물관 산책은 지하철 4호선 이촌역에서부터 시작된다. 이촌역 국립중앙박물관 방면 출구로 나가려면 길게 이어진 무빙워크를 타야 한다. 평범한 지하 출구 같지만 양쪽 벽으로 시선을 돌리면 특별한 길이 된다. 박물관으로 들어가고 나가는 길이라는 뜻의 '박물관 나들길'은 박물관을 방문하는 사람들에게 시작의 설렘을 선사하는 공간으로, 무빙워크 양쪽 벽에서 박물관 대표 유물을 LED 디스플레이로 구경할 수 있다. 오랜 시간이 흘러 색이 바랜 유물들이 밝은 빛을 되찾은 느낌이다. 짧게 지나쳐 가는 길이지만 박물관에 대한 기대감을 주기에 충분하다.

밖으로 나오면 넓은 인공 호수인 거울못(박물관이 못에 거울처럼 비쳐 지어진 이름)이 두 팔 벌려 우리를 반긴다. 그 뒤로 푸른 하늘을 품은 박물관이 넓게 펼쳐져 있다. 이때, 박물관으로 바로 올라가지 말고 야외 정원을 먼저 한 바퀴 돌아보자. 약 8만 9천 평의 대지 면적 중 건축물의 면적은 1만 4천여 평으로, 야외 공간이 차지하는 비율이 80퍼센트가 넘는다. 내부만 보고 가기에는 광활한 야외 공간이 너무 궁금하다.

오른쪽으로 이동해서 박물관과 거울못을 정면으로 마주하자. 거울못을 둘러싼 정원은 우리와 가장 가까운 곳에서 마음을 간질인다. 봄에는 아리따운 꽃들이 각자의 아름다움을 자랑하고, 여름에는 백일홍이 핑크빛 생기를 터뜨리고, 가을에는 한없이 유연한 갈대가 바람의 리듬에 맞춰 춤을 추고, 겨울에는 앙상한 가지가 고요한 겨울을 알린다. 멀리 바라보면 그야말로 살아 있는 한 폭의 동양화다. 거울못 한쪽에 조성한 정자 안으로 들어가서 감상해도 좋다. 계절마다 바뀌는 멋진 정원 풍경을 즐기기 위해 박물관에 오는 사람도 많다.

거울못 뒤로는 박물관과 남산이 차례대로 배치되어 있다. 여기서 한국의 전통적 사고에 따른 입지관을 엿

볼 수 있다. 옛 선조들은 자연 속에서 인공의 건축물과 사람이 잘 어우러지기를 바랐다. 더 나아가 그 입지의 차이가 현재를 살아가는 사람들의 삶에 영향을 끼칠 수 있다고 믿었다. 산과 물이 사람을 따뜻하게 품어 주기를 바랐던 것일까? 선조들은 높은 산이 뒤에서 집을 받쳐 주고, 맑게 흐르는 물이 앞에서 기운을 트이게 하는 배산임수(背山臨水) 위치가 가장 좋다고 판단했다.

이에 따라 2005년 국립중앙박물관이 재개관할 때 뒤로는 남산, 앞으로는 한강이 흐르는 위치에 자리 잡았다. 아쉽게도 박물관 앞에 바로 한강이 보이지는 않는다. 그래서 인공 호수인 거울못이 이 입지에서 큰 역할을 한다. 국가에서 건립하는 박물관은 현대적인 감각으로 짓더라도 그 나라의 역사와 전통을 반영하여 완성하는 경우가 많으니, 전체 공간을 잘 조망하며 이를 느껴 보는 것도 좋을 것이다.

거울못을 끼고 산책로를 따라 오른쪽으로 계속 이동하면 석조물 정원이 나타난다. 통일신라시대부터 조선시대까지 제작된 석탑과 석불들이 전시되어 있다. 탑과 불상은 불교 신앙을 널리 전파하기 위해 인도에서 처음 제작되었고, 중국을 거쳐 한국과 일본에까지 이르면서 불교의 대표 문화로 자리 잡았다. 한국에서는 불교문화가 융성했던 통일신라시대부터 고려시대까지 풍부한 화강암으로 많은 석탑을 제작했다. 시간이 흘러 석탑과 석불은 이제 한국의 역사를 보여 주는 유물로 이곳에 서 있다.

반시계 방향으로 계속 돌다 보면 기와지붕 아래 묵직하게 매달려 있는 커다란 종이 보인다. 조선시대 광해군 때부터 한양 보신각에서 매일 사람들에게 시간을 알렸던 종이다. 오랜 시간을 버틴 종은 1979년 일부 균열이 발생하여 보존 처리 후 이곳에 와 있다. 현재 종각에 있는 보신각 종은 1985년 새로 조성된 것이다. 새로이 만든 종이지만 보신각 종은 매년 새해를 알리는 역할을 톡톡히 수행하고 있다.

완만한 계단을 올라가면 거울못은 시선 아래로 멀어져 있고, 어느새 박물관을 가까이에 두고 서 있을 것이다. 중앙에 열린마당이 있고 왼쪽과 오른쪽에 커다란 건물이 같은 지붕 아래 연결되어 있다. 왼쪽에는 특별전시실과 사무동, 교육실, 어린이박물관, 식당과 기념품 숍 같은 편의시설이 있다. 오른쪽 공간으로 들어가면 일 년 내내 즐길 수 있는 상설전시관이 있다. 특별전시실은 특정 주제로 일정 기간에만 운영되기 때문에, 언제든지 즐길 수 있는 상설전시관으로 들어가 시공간을 넘나드는 산책을 시작해 보자.

물품보관함에 짐을 보관하고, 검색대를 통과해 역사의 길로 진입하자. 시원하게 뻗은 복도인 '역사의 길'은 한국이 걸어온 유구한 시간을 의미한다. 복도 위 천장에서 은은하게 내려오는 채광이 양쪽으로 각기 뻗어 있는 시대별 전시실로 우리를 친절하게 안내해 주는 느낌이다.

오른쪽 전시실에서는 문자가 없던 선사시대부터 고구려, 백제, 신라 삼국의 치열한 영토 전쟁의 시기를 엿볼 수 있다. 그중 가장 많은 관람객이 집중하는 유물은 신라의 금 세공품이다. 커다란 신라시대 무덤에서 발굴한 금관, 금 허리띠, 귀걸이 등을 통해 찬란했던 공예 문화를 엿볼 수 있다. 이어서 왼쪽 역사관에서는 삼국을 통일한 신라와 언제나 호기심을 불러일으키는 발해, 불교와 청자 문화를 자랑하는 고려, 기록의 나라 조선과 격변의 시기 대한제국까지, 한국 역사의 전체적인 흐름을 살펴볼 수 있다.

1층 전시실을 둘러보았다면 주변에 마련된 벤치에 잠시 앉아 무엇이 가장 인상적이었는지 생각해 보자. 석기나 토기 같은 선사시대 유물을 통해 과거의 흔적을 발견하고 당시 생활을 추측하는 게 흥미로운가? 아니면 고대 무덤에서 발견된 금관이나 상형 토기 같은 부장품을 보며 계급 사회의 정치권력과 사회 문화를 이해하는 것이 재미있는가? 중세나 근대 시기의 역사적 사실을 구체적으로 알 수 있는 기록물에 흥미가 느껴진다는 사실을 깨달았을지도 모른다. 박물관에서 유물을 관람하다 보면, 각자의 취향을 새롭게 발견하는 계기가 되기도 한다.

역사의 길 끝에 키가 큰 석탑이 세워져 있다. 1348년 고려 말기에 만들어진 경천사십층석탑이다. 높이가 무려 13.5m나 되어 역사의 길에 들어설 때부터 관람객의 시선이 이 탑에 꽂힐 수밖에 없다. 많은 사람들이 여기서 방문 인증 사진을 찍는다. 이 탑은 한국 역사에서 흔히 보이는 형태가 아니다. 역사적으로 한국의 석탑은 화강암으로 되어 있는데, 이 석탑은 대리석으로 만들었다. 이에 더해 각 층마다 중생들에게 불법을 설파하는 부처의 여러 모습과 보살, 나한 등 불경에 등장하는 존재들이 화려하게 조각되어 있다. 중국(당시 원나라)의 영향을 받았기 때문이다.

그런데 이 탑은 왜 실내에 전시되어 있을까? 야외의 석조물 정원에도 석탑이 많았는데 말이다. 과거 경천사에 있던 경천사십층석탑은 1907년에 일본인 다나

카 미쓰아키에 의해 일본으로 무단 반출 되었다. 다행히 영국인 어니스트 베델과 미국인 호머 헐버트가 이 소식을 신문에 실어 준 덕분에 일본, 미국 등 외국에까지 널리 알려지게 되었다. 덕분에 이 탑은 1918년 어렵게 다시 한국으로 돌아왔다. 그러나 엉뚱하게도 경천사가 원래 있던 경기도 개풍군(현재 북한)이 아닌 경복궁 내로 이동했다. 이 과정에서 석탑이 많이 훼손되었고 산성비와 풍화 작용까지 더해져 이대로 가다간 원형 보존이 어렵다고 판단해, 2005년 현재 위치에 국립중앙박물관을 새로 건립하면서 옮겨 오게 되었다. 경천사십층석탑은 식민지와 분단의 현실, 환경오염으로 원래 위치를 잃었지만, 박물관의 대표 안내자로서 사람들에게 많은 이야기를 전해 주고 있다.

혼자 알기 너무 아까운 볼거리가 하나 더 있다. 수요일 혹은 토요일 밤 8시에 경천사십층석탑 주변에 앉아 보자. 화려한 미디어파사드 영상이 음악과 함께 한 편의 영화처럼 다이내믹하게 펼쳐진다. 탑에 새겨진 손오공의 모험, 석가모니의 삶 등 비밀스러운 이야기를 매력적인 영상으로 볼 수 있다.

이쯤 되면 반나절이 훌쩍 지나가 버렸을 가능성이 높다. 겨우 한 층만 관람했을 뿐인데 말이다. 혹시 시간적 여유가 있거나 밤 9시까지 문을 여는 수요일 또는 토요일에 방문했다면 다른 층도 둘러보자. 2, 3층은 주제별 전시로 가득해서 각 분야의 문화를 더 깊이 향유할 수 있다. 2층에는 서화관과 기증관, 사유의 방이 있어 독특한 시선으로 전시를 즐기기 좋다. 3층에는 도자와 금속, 불교 조각을 아우르는 조각·공예관과 일본과 중국, 중앙아시아, 고대 그리스와 로마 등의 문화를 엿볼 수 있는 세계문화관이 있어 폭넓은 지식을 쌓기에 좋다.

최근에는 박물관이 '역사 공부를 하기 위한 장소' 혹은 '말 한 마디도 해서는 안 되는 답답한 곳'이라는 이미지를 탈피하고자 독특한 방식과 신선한 주제로 전시를 기획한다. 그중 기증받은 유물로 구성한 기증관이 있다. 박물관은 보통 유물이 주인공이지만, 이곳만큼은 사람이 주인공이다. 기증자들은 사는 곳도, 하는 일도 모두 다르지만 문화유산을 바라보는 생각만은 같았다. '한국의 아름다운 문화를 모두와 함께 향유하고 싶다'는 것. 이들은 어렵게 수집한 고서적, 서화, 도자 등 다양한 형태의 문화유산을 박물관에 조건 없이 기증했다.

기증관 중에서도 단독 전시로 집중 조명 받는 인물

이 있다. 바로 1936년 베를린올림픽에서 마라톤으로 금메달을 획득한 손기정 선수이다. 그는 일제강점기 시절에 출전했기 때문에 태극기가 아닌 일장기를 달고 뛰어야만 했고, 금메달을 따고도 애국가를 부르지 못한 설움을 겪었다. 손기정 선수는 금메달 수상 후 부상으로 청동 투구를 받았지만, 투구는 선수에게 전달되지 못한 채 베를린박물관에 보관되어 있었다.

그렇게 모두의 기억 속에서 잊힌 청동 투구는 1986년 베를린올림픽 50주년 기념행사 때 원래 주인공에게 전해졌다. 손기정 선수는 세상을 떠나기 전 "이 투구는 나의 것이 아니라, 우리 민족의 것이다"라고 말하며 청동 투구를 박물관에 기증했다. 현재 청동 투구는 이곳에 단독으로 전시되어 있다. 기증관의 유물은 수집하고 기증한 이들의 나눔의 가치가 더해져 따뜻한 의미로 우리에게 전해진다. 기증관만큼은 국보와 보물이라는 표식보다는 기증자의 인생과 가치관에 주목해 보자.

사유의 방은 대한민국 국보인 반가사유상(6~7세기에 제작된 것으로 추정) 두 점만을 따로 전시한 공간이다. 시공간이 어그러진 것 같은 어두운 터널을 통과하면 천장에서 쏟아지는 별빛 아래 두 점의 불상이 나란히 놓여 있다. 인도 석가족의 태자가 인간의 번뇌에서 벗어나 깨달음을 얻기 위해 반가부좌 자세로 깊이 명상하는 장면을 형상화했는데, 입가에 번지는 온화한 미소를 가만히 보고 있으면 이미 깨달음의 경지에 이른 것처럼 보인다.

전시실은 그 어떠한 설명 없이 반가사유상 두 점에만 시선이 집중되도록 설계되었다(두 점의 불상은 비슷해 보이지만 분명히 다른 형태이다). 공간 연출만으로 관람객에게 신선한 경험을 선사하고자 하는 의도이다. 그 덕분에 반가사유상과 관람객이 서로 주고받는 감정과 기운만으로 공간이 채워진다. 더 나아가 불상과 조용히 대화를 나누며 오히려 나라는 존재에 대해 성찰하게 될 수도 있다.

박물관을 나서기 전에 마지막으로 추천할 공간은 디지털 실감 영상관 1관이다. 오래된 동양화를 디지털화하여 실감 나는 영상으로 재현하는 공간이다. 60m 파노라마 스크린에 조선시대 유명 화가들의 그림이 펼쳐진다. 편히 앉아 영상을 보고 있노라면 과거 속으로 빨려 들어가는 느낌이다. 관람객이 다양한 방식으로 문화유산과 상호작용하기를 바라는 박물관의 사려 깊은 마음이 느껴진다. 국립중앙박물관 홈페이지에서 디지털 실감 영상관의 상영 작품과 시간표를 확인할 수 있다.

국립중앙박물관에 재미있는 공간이 많기도 하거니와, 한국 문화가 다양한 매체에서 주목받으며 2023년에는 관람객 수가 418만 명을 넘어서며 세계 박물관 중 6위에 랭크되었다. 2025년 1월부터 10월까지 누적 관람객 수가 이미 500만 명을 넘어 기록은 가뿐히 경신될 것 같다. 근 몇 년간 한국 문화의 힘이 대단해졌다는 사실이 느껴진다. 박물관과 전통문화에 대한 외국인의 높아진 관심도 엿볼 수 있다.

두 번째 장소
전쟁기념관

전쟁기념관으로 떠나는 산책은 나에게 특별한 의미로 다가온다. 개인적으로 이곳을 처음 찾게 된 계기는 두 가지였다. 첫 번째는 나의 할아버지께서 6.25 전쟁(한국전쟁)에 참전한 군인이었기 때문이다. 두 번째는 어릴 적 불렀던 노래 때문이다. "전우의 시체를 넘고 넘어 앞으로 앞으로, 낙동강아 잘 있거라 우리는 전진한다"로 시작하던 노랫말이 어른이 되어서도 또렷이

기억난다. 초등학생 시절, 친구들과 고무줄놀이를 할 때 자주 불렀던 노래이기 때문이다. 어린아이들이 놀이하며 부르기엔 다소 무섭기도, 비장하기도 한 이 노래가 한국의 특수한 전쟁 역사에서 비롯됐다는 사실을 좀 더 자세히 알아보고자 이곳을 방문했었다.

이와 더불어, 전쟁기념관이 모두에게 의미 있는 관람이 될 수 있는 이유는 우리에게 전달하고자 하는 메시지에 인류가 지향해야 할 가치가 담겨 있기 때문이다. 기념관의 이름은 '전쟁'이지만 반대로 '평화'라는 가치를 강조한다. 아직도 뉴스에서는 여러 나라의 전쟁 소식이 보도된다. 그렇기에 우리는 끊임없이 평화를 외쳐야 한다.

전쟁기념관은 지하철 4호선 및 6호선 삼각지역 12번 출구에서 시작된다. 정문 앞 넓은 공간에 커다란 조형물과 기념비들이 설치되어 있다. 이곳에서 박물관과 기념관의 차이가 느껴진다. 기념관은 박물관과는 다르게 뜻깊은 일이나 훌륭한 인물을 잊지 않고 오래 기억하기 위해 특정 주제에 맞춰 이야기를 전달한다. 이런 특징이 건축적으로도 드러난다. 가장 앞쪽에는 6.25 전쟁을 상징하는 여러 조형물이 배치되어 있다. 왼쪽에 설치된 '형제의 상'은 6.25 전쟁 당시 친형제가

각각 국군과 북한군이 되어 맞서 싸우다가 전쟁터에서 만난 실화를 바탕으로 제작되었다.

중앙에는 휴전 50주년 기념으로 설치한 청동검과 호국군상 조형물이 있다. 해방과 분단, 전쟁까지 10년도 안 되는 짧은 시간 동안 한국이 겪은 비극적인 상황을 여실히 보여 준다. 동시에 민족의 화합과 통일에 대한 염원도 느껴진다. 조형물 설명에 적힌 문장 하나가 가슴을 먹먹하게 한다. "자유는 거저 주어지는 것이 아니다(Freedom is not free)."

그 뒤에 펼쳐진 원형 광장에는 6.25 전쟁 참전국 기념비와 국기가 세워져 있다. 1950년 6월 25일, 북한의 기습적인 남침으로 발발한 전쟁에 참전한 국가와 물자 및 재정을 지원한 국가에 대한 감사와 추모의 마음을 담아 설치되었다.

이제 내부로 들어가 특별하고 가슴 찡한 이야기에 집중해 보자. 우리는 2, 3층에 마련된 전시실을 돌아볼 예정이다. 1층에는 전쟁을 중심으로 한국의 역사를 살펴볼 수 있는 전쟁역사실이 있는데 이 부분은 국립중앙박물관과 어느 정도 겹치므로 이곳에서는 6.25 전쟁실에 집중하여 살펴보는 것을 추천한다. 더욱이 이 전쟁은 단순히 한민족 간의 전쟁만을 의미하지 않는다.

38선을 침범한 북한에 대항하여 자유와 평화를 찾기 위해 지구촌 22개국 약 194만 명의 유엔군이 참전한 '유엔의 전쟁'이었다. 이곳에서 마음에 깊은 울림을 주는 시간을 보내게 될 것이라 생각한다.

6.25전쟁실 I, II를 관람하면 전쟁의 원인과 경과, 휴전까지의 상황을 쉽게 이해할 수 있다. 어린 학생들이 애국심 하나로 학도의용군이 되어 참전한 사연은 사람들의 가슴을 더욱 아프게 한다. 6.25전쟁실III(유엔실)에서는 6.25 전쟁에 참전한 국가들과 물자를 지원한 국가들의 활약과 희생을 상세히 전달한다. 한쪽의 넓은 벽을 가득 채운 당시 사진들을 보며 스스로에게 질문해 보았다. '과연 나는 일면식도 없는 이들을 위해 목숨을 걸고 용감히 싸울 수 있을 것인가?' 솔직히 말하자면 쉽게 대답할 수 없었다. 대신 진심을 다해 이들의 희생을 오래 기억하고 전달하겠다고 다짐했다.

부산에 위치한 유엔기념공원을 재현한 추모 공간도 인상 깊다. 유엔기념공원은 6.25 전쟁에 참전한 194만 명의 유엔군 중 전사한 일부 장병들이 안장된 곳이다. 그들을 위한 추모곡이 흘러나온다. 마음속의 국화꽃을 하나씩 헌화하며 깊은 애도를 전해 보자.

마지막으로 기념관 양쪽에 조성한 '호국의 길'을 꼭

걸어 보기를 바란다. 이 길에 이름을 새긴 비석이 늘어서 있는데 한쪽은 6.25 전쟁, 베트남 전쟁 등에서 전사한 한국 군인과 경찰관의 이름이, 다른 한쪽은 6.25 전쟁에 참전한 유엔군 전사자 이름이 새겨져 있다. 차갑기만 한 검은 돌에 새겨진 이름에 손을 대는 순간 그들의 숭고한 마음이 전해지는 듯하다. 국제 평화를 파괴한 침략 행위에 맞서 자유와 평화를 지키기 위해 청춘을 바쳐 싸운 이들과 전사자들의 숭고한 희생을 추모하며 다시는 전쟁이 일어나지 않도록 최선을 다하자고 다짐해 본다. 무탈한 우리의 일상이 얼마나 소중한 것인지 다시 한번 느낀 시간이었기를 바란다.

🔍 더 알아보기

국립중앙박물관이 걸어온 길

한국의 대표 박물관인 국립중앙박물관은 한국의 역사와 그 궤를 같이한다. 1909년 창경궁에 세워진 제실박물관(帝室博物館)이 국립박물관의 첫 모습이었다. 하지만 곧 일제강점기에 접어들면서 격하되어 명칭이 이왕가박물관으로 바뀌었다. 그러다 1915년 경복궁내에 조선총독부박물관이 하나 더 지어지면서 본격적으로 한국의 역사가 타국의 시선에서 해석되고 편집되었다. 이왕가박물관은 1938년 덕수궁 내 신축한 석조전으로 이전해 재개관했다.

광복 후에야 드디어 '국립' 타이틀을 달고 박물관을 개관하게 되었으나 곧이어 6.25 전쟁이 발발하고 분단되는 과정에서 일부 유물이 훼손되었다. 휴전 이후 자주적인 역사 연구가 이루어지면서 한국의 문화를 알리기 위한 해외 순회 전시를 개최했다. 이 시기 국내 및 해외 순회 전시는 일제강점기에 깎여 내려갔던 한국 역사와 문화, 미술의 위상을 복권하기 위한 목표로 이루어졌다.

1972년에는 경복궁 내 박물관을 신축하여 한국이라는 국가의 정체성을 알리는 전시를 많이 열었다. 1990년대부터는 주제가 심화되어 한국뿐 아니라 세계로 시선을 확장하는 전시를 선보였다. 2005년 용산으로 옮겨 재개관한 국립중앙박물관은 누구에게나 열려 있는 박물관, 새로운 미래 가치를 만드는 박물관, 전통의 가치를 밝혀 세계로 나아가는 박물관을 지향한다. 앞으로 더욱 발전할 모습을 기대하며 자주 찾아주길 바랄 따름이다.

- **국립중앙박물관 외규장각 의궤실** | 2024년 11월, 국립중앙박물관 2층 서화실에 새로이 단장한 전시 코너가 있다. 바로 외규장각 의궤(儀軌)실이다. 조선왕조의궤 중에 외규장각(궁궐 밖 왕실 도서관, 강화도에 위치)에 보관되어 있던 의궤를 이곳에서 관람할 수 있다. 입장하자마자 양쪽 벽을 가득 채운 초록빛 비단의 의궤 표지들이 우리의 시간 여행을 환영한다. 외규장각에는 임금이 열람할 수 있는 어람용 의궤를 보관했다. 이 책들은 관청의 신하들이 열람할 수 있는 분상용과는 달리 고급 종이에 내용이 세밀하게 작성되었고, 표지의 장식까지 격이 남다르다.

안으로 들어가면 순탄하지 못했던 의궤의 역사와 의궤가 지니는 의미, 의궤에 담긴 세밀한 기록 문화가 펼쳐진다. 의궤는 '의식의 모범'이라는 뜻으로, 조선시대 왕실과 나라의 중요한 행사와 의식 전반을 기록에 남겨 후대에 전하기 위해 제작되었다. 의궤에는 각종 행사와 의식을 준비하며 주고받은 보고서와 진행 절차, 준비를 관장하는 담당자 이름, 참여 인원, 행사 소요 비용이 상세히 적혀 있을 뿐 아니라 사용 물품과 행사 및 의식 장면이 화려한 색채로 그려져 있다. 이 그림들이 의궤의 특징이자 다른 나라 기록물과의 확연한 차이점이다.

그런데 외규장각 의궤가 프랑스군에 의해 약탈당한 적이 있었다. 1866년 강화도를 침범했던 프랑스군이 전투 끝에 퇴각하면서 외규장각 안에 있던 의궤와 왕실 도서들을 가져간 것이다. 이후 프랑스 국립도서관에 보관되었는데 그곳에서 근무하던 박병선 박사에 의해 100여 년 만에 다시 세상에 알려지게 되었다. 한국과 프랑스 간 오랜 외교 협상 끝에 2011년 297책의 의궤가 한국으로 돌아왔다.

박물관의 유물 중 사연 없는 것이 있으랴만, 이 구구절절한 의궤의 사연에 빠져들어 어느새 자신의 이야기를 조용히 건네는 유물을 위로하고 있는 나 자신을 발견하곤 한다.

● **유엔군의 활약과 희생** | 한국의 7월 27일은 '유엔군 참전의 날'이다. 법정 공휴일로 정해져 있지는 않지만 대한민국의 자유와 민주주의를 수호하기 위해 참전한 유엔군에 감사하고 추모하는 날로 지정하여, 공공 기관에서 다양한 기념행사가 열린다. 6.25

전쟁에 참전한 유엔군은 약 194만 명이었다. 전투 병력을 지원한 나라는 총 16개국이며 의료를 지원한 국가는 6개국이다.[5] 그들은 이 전쟁으로부터 얻을 수 있는 이익이 없었다. 그럼에도 불구하고 자유와 평화를 수호하는 마음으로 한국을 지원했다. 전투군 파병뿐 아니라 민간인 구호에도 적극적으로 나섰다. 오랜 시간이 지나도 그들의 숭고한 희생을 기억하고, 이 나라들이 어려운 일을 겪을 때 한국도 기꺼이 도움의 손길을 내밀어야 할 것이다.

- **유엔기념공원** | 전쟁기념관 전시실 한쪽에 유엔기념공원의 묘지를 재현해 놓은 공간이 있다. 부산에 위치한 유엔기념공원은 세계 유일의 유엔군 묘지로, 6.25 전쟁에 참전했던 유엔군 전사자들이 잠들어 있다. 나중에 자국으로 송환된 유해를 제외하고 현재 13개국 2,300여 구의 유해가 모셔져 있다.

---

5 군사 및 의료 지원 국가: (가나다순) 그리스, 남아프리카공화국, 네덜란드, 노르웨이, 뉴질랜드, 덴마크, 독일, 룩셈부르크, 미국, 벨기에, 스웨덴, 에티오피아, 영국, 이탈리아, 인도, 캐나다, 콜롬비아, 태국, 튀르키예, 프랑스, 필리핀, 호주.

서울
산책자

08

묘역공원

📍

양화진 외국인선교사
묘원

· 산책 테마 ·
낮에도 반짝이는 별들을
만나는 시간

걸음 수 | 3천 보
소요 시간 | 1시간

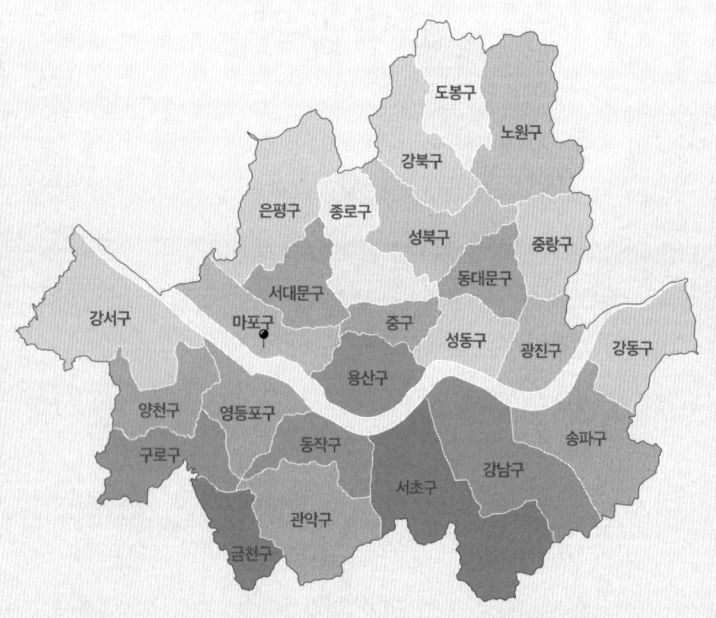

따로 종교가 없는 사람이라도, 종교적 신념을 토대로 세상에 선한 영향력을 끼치는 사람들을 보면 종교의 이로움이 크다는 생각이 들 것이다. 특히 개인적인 이익이 없음에도 불구하고 도움이 필요한 사람들에게 무한한 사랑을 베푸는 종교인들을 보면 존경의 마음까지 샘솟는다. 이러한 인물들을 기리며, 꼭 소개하고 싶은 곳이 있다.

서울 마포구에 위치한 양화진 외국인선교사 묘원(이하 양화진묘원)에는 19세기 말부터 20세기 초, 격동과 파란의 시대에 한국에 와서 일생을 바친 선교사들이 잠들어 있다. 이들은 종교를 전파하기 위한 목적으로 왔지만 의료, 교육, 사회 복지 등 한국의 사회 발전에 기여하며 종교를 넘어 인간이 지향해야 할 사랑의 가치를 보여 주었다. 일부는 한국의 독립을 위해 애쓰기도 했다. 이번에는 이 땅에 커다란 발자취를 남기신 분들과 짧은 만남을 가지며 사랑과 감사의 마음을 공손히 전해 보자. 시공간을 초월한 대화를 나눌 수 있다는 생각에 설레기도 한다. 이번 여행은 낮에도 반짝이는 별들을 만나는 시간이 될 것이다.

지하철 2호선 및 6호선 합정역 7번 출구로 나와서 11시 방향의 골목을 따라 5분 정도 걷다 보면 오른쪽에 양화진묘원 정문이 보인다. 완만한 경사를 따라 언덕을 조금 오르면 넓은 영역에 많은 분들이 안장되어 있는 곳을 발견할 수 있다. 십자가를 비롯해 크기가 다양한 비석들이 여러 인물의 삶을 대변해 주는 것 같다. 4천 평 너른 공간에 15개국 417인이 잠들어 있다. 그중 145인은 선교사 및 그들의 가족이다. 묘지뿐 아니라 홍보관과 선교사들의 삶을 기리고 재조명한 양화진홀 (기념관의 역할을 한다)도 있다. 양화진홀을 관람하려면 사전 예약을 해야 하므로, 이번에는 묘역에 집중해 천천히 둘러보기로 하자.

이곳에서 제공하는 안내 소책자를 챙겨 가자. 구역 안내와 구역별 주요 안장자에 대한 설명을 볼 수 있다. QR 코드를 통해 영상 안내도 받을 수 있다. 우리는 정문에서 가장 가까운 A, B 구역부터 뒤로 이동하며 F 구역까지 차례로 살핀 다음, 오른쪽으로 크게 돌아 I 구역까지 이동하며 이곳에 영면한 인물들을 만나고 그들의 삶에 대해 생각해 보려 한다. 일요일은 주일이라 운영되지 않으니 참고하자.

여행을 시작하기에 앞서, 외국인선교사 묘원이 조성된 양화진[6]의 역사를 알아보자. 한강에 인접한 이곳은 본래 한강의 여러 나루터 중 하나로, 군사적으로도 중요한 곳이었다. 조선시대에 외적으로부터 서울을 지키기 위해 한강 곳곳에 군사 기지를 설치했는데 이 일대가 그중 하나였다.

양화진은 서울에서 다섯 손가락 안에 들 만큼 경치가 훌륭하다고 이름나 있기도 했다. 조선시대에는 고관대작들이 배에 올라 한강 흐름에 몸을 맡기고 서쪽으로 이동하는 취미를 즐겼는데, 특히 왕버들과 산버들이 만발하는 봄에는 양화진 앞에 이르러 강이 내려

---

[6] '양화'는 '버드나무의 꽃'으로, 양화진은 '버드나무 꽃이 무성한 곳'이라는 의미로 볼 수 있다. 한편, '벌을곳'이 발음상 굳혀져서 '버들꽃 나루'로 불리다가 한자식 표기로 양화진이 되었다는 설도 있다. 평야가 강가 쪽으로 쭉 뻗어나간 모양을 '벋었다'라고 하고, 평야가 이어지다가 물가 쪽으로 쭉 튀어 나간 땅은 '곶'이라 한다. 이 지역 땅의 형상을 보고 불리던 발음이 오역되어 양화진이 되었다는 이야기이다. (정노천, 「양화나루'의 어원」, 영등포투데이, 2022.)

다보이는 봉우리에 올라 술자리를 벌이고 놀았다 한다. 심지어 외국 사신도 이곳의 경치에 깊은 감명을 받았는데, 조선 세종 때 명나라 사신이 왔다가 '조선의 덜머리(양화진의 여러 이름 중 하나)야말로 하늘 아래 빼어난 경치를 가진 곳이다'라고 평했다는 일화가 있다.

삶의 현장이자 아름다운 경치를 가진 이곳에 병인양요라는 역사적 사건이 벌어지면서 비극적인 의미가 더해졌다. 어린 고종 대신 집권하고 있던 흥선대원군은 1866년에 조선의 가치관을 뒤흔든다는 이유로 천주교인들을 박해했다. 프랑스 선교사 12명 중 9명, 전국의 천주교 신자 8천여 명이 목숨을 잃었다. 그때 천주교인들의 목을 벤 곳이 양화진의 잠두봉이라는 언덕으로, 이후 이곳은 '절두산'이라고 불리게 되었다. '절두'는 사람의 목을 자른다는 뜻이다. 훗날 천주교회는 이곳을 순교 성지로 지정했고, 절두산 위에 기념비를 세웠다.

첫 번째로 만날 인물은 어니스트 베델(Ernest Thomas Bethell, 1872~1909)이다. A 구역에 들어서자마자 커다란 비석 두 개가 세워져 있어 찾기 쉽다. 지붕이 있는 왼쪽의 커다란 비석은 1910년 장지연(1864~1921,

156　　　　　서울 산책자

교육과 언론을 통해 독립운동을 전개한 인물)이 베델을 추모하는 글을 새겨 세운 것이다. 안타깝게도 일본이 묘비 뒷면의 비문을 칼과 망치로 내리쳐 알아볼 수 없게 만들었다. 1964년 한국의 언론인들이 그 오른쪽에 원래의 비문을 새긴 비석을 새로 세웠다. 다른 한쪽에는 1968년에 대한민국 건국훈장 대통령장(건국훈장 중 두 번째 등급)을 수훈했다는 팻말도 세워져 있다. 한국의 독립에 기여한 공로를 인정받은 것이다.

왠지 그의 이름이 낯설지가 않다. 국립중앙박물관에서 경천사십층석탑을 관람할 때 언급한 인물이기 때문이다. 베델은 선교사가 아니라 언론인 신분으로 이곳에 잠들어 있다.7 그는 어쩌다 한국 땅에서 잠들게 되었을까? 베델은 1904년 러일전쟁을 취재하러 한국에 입국했다가 《대한매일신보》와 《코리아데일리뉴스》를 창간했다. 주로 일본의 침략 행위에 대한 비판 기사를 실었다. 한국인의 애국심을 고취하는 그의 기사들은 지속적으로 일본의 심기를 건드렸고, 결국 일본은 출판과 언론에 대한 탄압을 시작했다. 일본은 신문지법을 제정하여 기사에 대한 사전 검열을 했다. 자

---

7 이 묘원에는 외국인 선교사 아닌 다른 신분의 사람들도 있다.

신들의 관점에서 치안을 방해하거나 풍속을 어지럽히는 기사는 삭제했고, 이를 어길 시 압수했다.

베델의 신문이 워낙 영향력이 컸던 나머지 일본은 끝내 그를 고발하는 방식으로 영국에 강하게 항의했다. 당시 영국은 일본과 동맹 관계였기에 이를 모른 체할 수 없었다. 영국 고등법원은 어쩔 수 없이 '한국인을 선동해 일본에 대한 적대감을 조장했다'는 이유로 그에게 3주간의 금고와 6개월간의 근신 처분을 내렸다. 상하이에서 금고형을 치르고 한국으로 돌아온 베델은 쇠약해진 몸을 회복하지 못하고 1909년 자택에서 세상을 떠났다.

죽기 전 동료의 손을 꼭 잡고 남긴 그의 말이 가슴을 먹먹하게 한다. "나는 죽지만 《대한매일신보》는 영원히 세상에 남아 한국 동포를 구해야 한다." 과연 무엇이 이 한마디를 남기게 했을까? 제국주의가 팽배하던 근대 시기에 베델은 강자와 약자 관계가 아닌 같은 인간으로서 한국인을 구하고자 했다. 목숨을 위협받는 상황에서도 신념을 굽히지 않았다.

그 뒤에 벙커 부부의 묘가 있다. 벙커(Dalzell A. Bunker, 1853~1932)는 1886년 조선 왕실의 요청으로 한국에 왔다. 신학을 전공한 그는 헐버트, 길모어와 함께 한국 역사상 최초의 관립 학교인 육영공원의 교사가 되었다. 10년 뒤 육영공원이 폐교된 후에는 감리교 선교사인 아펜젤러가 세운 배재학당에서 많은 학생을 이끌었다. 교육뿐 아니라 배재학당의 학생들이 민권운동을 벌일 때도 적극적으로 지지하고 지원해 주었으며, 국내 선교사들을 모아 한국 교회 연합운동을 벌였다. 감리교 선교사로서 자신이 해야 할 일이라며 묵묵히 해내던 그는 1932년 미국 샌디에이고에서 눈을 감았다. 그의 유골은 한국으로 돌아와 양화진에 모셔졌다.

남편과 나란히 선교의 길을 걸었던 부인 애니 엘러스는 남편이 남긴 말을 전했다. "나의 유골이나마 한국 땅에 묻어 달라." 이후 부인도 남편을 따라 옆에 나란히 잠들었다. 한국에 해방의 빛이 찾아올 때까지 함께 있어 주고 싶었을까? 대답은 들려오지 않지만 그가 남긴 삶의 궤적으로 충분한 답이 된 것 같다.

왼쪽 B 구역에는 이번 산책에서 꼭 소개하고 싶은 분이 모셔져 있다. 비석 중앙에 '헐버트(Homer Beza-leel Hulbert, 1863~1949) 박사의 묘'라고 크게 쓰여 있다. '한국인보다 더 열렬히 한국을 사랑한 사람', 그의 일생을 설명하는 가장 적합한 한 줄이다. 과연 그는 한국에 어떤 이야기를 남겼을까?

1886년, 그는 스물세 살의 나이로 한국에 처음 발을 내디뎠다. 감리교 선교사였던 그는 벙커와 마찬가지로 육영공원에서 학생들을 가르쳤다. 헐버트는 그때 한국의 말과 글을 배웠는데, 한글의 구조가 너무나 과학적이고 체계적이어서 크게 감탄하면서도, 정작 한국인들이 이렇게 훌륭한 한글을 잘 사용하지 않아서 안타까워했다. 조선의 왕 세종이 한글을 창제한 것은 오래전이나 나라에서는 한자를 주로 사용했고, 한자든 한글이든 아예 글을 모르는 사람들이 여전히 많았다.

그는 한글을 널리 알려야 한다는 사명감을 가지고 공부한 끝에 한글로 책을 집필하는 경지에 이르렀다. 한국인의 생활과 문화에도 관심을 기울여, 한국의 민요로 잘 알려진 〈아리랑〉을 직접 채록하여 서양 악보에 기록했다. 사람들의 입에서 입으로만 전해지고 창작되던 노래가 한국을 대표하는 전통 노래로 자리매김할 수 있었던 것은 모두 헐버트 덕분이다.

그는 한국의 독립을 위해서도 열성을 다해 뛰었다. 1905년, 일본에게 외교권을 강탈당할 때 고종의 명으로 미국에 파견되어 루스벨트 대통령과의 만남을 시도했다. 2년 후 고종이 세계 각국에 나라의 전후 사정

을 알리고자 만국평화회의가 열리는 네덜란드 헤이그로 특사를 보낼 때, 일본의 삼엄한 감시를 피하기 위해 헐버트가 연막작전을 펴 그가 단독으로 몰래 가는 것처럼 일본의 시선을 끌었다. 이 사건으로 헐버트는 일본에 의해 한국에서 추방당해 미국으로 돌아갈 수밖에 없었다. 그러나 미국에 돌아간 후에도 한국의 독립을 위한 그의 활동은 계속되었다.

1949년, 그는 대한민국 정부 수립 1주년 기념식에 초청되어 다시 대한민국 땅을 밟았다. 그러나 감격과 기쁨은 오래가지 못했다. 86세의 노구로 먼 여정을 소화하다 보니 병이 악화되었고 결국 병상에서 일어나지 못하고 세상을 떠났다. 그리고 그의 바람대로 한국 땅에 영원히 잠들었다.

그는 동아시아 작은 나라의 문화를 사랑했고, 한국인이 자국의 문화를 사랑할 수 있도록 도와주었고, 한국 문화가 세계적으로 알려지는 데 크게 공헌했다. 존경하지 않을 수 없는 그의 업적을 기리며, 온 마음을 다해 그의 평안한 안식을 기원한다.

한 걸음 한 걸음 조심스레 발길을 옮기며 비석에 적힌 이름들을 찬찬히 읽어 보자. 어느 하나 특별하지 않은 삶이 없다. 그런데 간혹 신원을 확인할 수 없어서 이름도 없이 'UNMARKED'라고 표기한 묘도 있다. 수많은 존재는 생명의 여부와 관계없이 이름을 가지며 개별성을 인정받는다. 비로소 고유한 의미를 가지는 것이다. 그런데 이들은 살면서 많이 불렸을 이름을 묘비에 새기지 못한 채 무명으로 안장되어 있다. 씁쓸하고 안쓰러운 감정이 든다. 이들의 삶이 무의미해지지 않도록 임의로 이름을 지어 불러 보면 어떨까?

이번에는 십자가 모양의 비석 앞에 멈춰 서 본다. 한국 여성 교육에 헌신한 메리 스크랜턴(Mary Fletcher Benton Scranton, 1832~1909)이 이 자리의 주인이다. 감리교 목회자 집안 출신으로 남편과 사별 후 1885년 53세의 나이에 아들 윌리엄 스크랜턴 부부와 함께 한국을 찾았다. 그녀는 여성에 대한 교육이 전무하던 시기에 서울 정동의 작은 한옥 건물에 학교를 열어 5명의 여학생을 가르쳤다. 그는 한국 여성들이 가부장 사회에서 해방되어 꿈을 가지기를, 인간의 존엄성을 지키기를, 더 나은 한국인이 되기를 바라며 교육했고 형편이 어려운 학생들이 학교에서 먹고 자며 공부할 수 있도록 아낌없이 지원했다. 당시 이를 바라보는 부정적인 시선이 많았지만 아이들을 헌신적으로 대하는 그의 모습에 학교에 대한 인식이 차츰 좋아졌다.

그의 의지와 열정이 널리 알려지면서 고종이 이를 정식 학교로 임명했고, 학교 주변에 배꽃이 많다 하여 '이화학당(梨花學堂)'이라는 이름을 지어 주었다. 이후 기숙사, 식당 등 다양한 시설을 갖춘 번듯한 학교 건물이 세워졌다. 덕분에 한국 최초의 여의사인 박에스더를 비롯한 많은 여성이 이화학당을 거쳐 넓은 세상으로 나아갔다. 지금도 이화의 역사는 유치원부터 대학교까지 한국의 다양한 교육 현장에서 계속 이어지고 있다.

C 구역에서는 양화진묘원에 처음 안장된 헤론을 만날 수 있다. 소형 워싱턴 기념탑같이 생긴 비석이 그의 자리임을 알려 준다. 헤론(John W. Heron, 1856~1890)은 장로교 선교사로서 한국을 찾았다. 미국 의사자격시험에 합격했던 그는 한국 최초의 근대식 병원인 제중원의 2대 원장직을 수행했다. 고종의 시의(왕의 주치의)로 임명되어 궁에도 자주 드나들었다. 그런데 그는 의료 혜택을 누리기 어려운 사람들을 위해 일하고자 했다. 한국에서 자주 발생하던 천연두, 콜레라, 장티푸스 같은 전염병으로부터 사람들을 구하기 위해 애썼다. 물을 끓여 마시고, 집 안팎을 청결하게 하는 등 기본 위생 수칙을 지키면 병을 예방할 수 있다고 가르쳤

을 뿐 아니라 밤낮 상관없이 환자를 돌보았다. 고된 일정 속에서도 성서를 번역하고 출판하는 일에도 앞장섰다. 오로지 그의 신념과 희생정신에서 나온 봉사였다. 그러다 1890년, 한국에 온 지 5년이 되던 해에 환자를 치료하다가 그만 이질에 걸려 세상을 떠나고 말았다. 그가 걷던 길은 너무 빨리 끊겨 버렸다. 그가 양화진에 묻힌 정확한 날짜가 언제인지는 여러 설이 존재하지만, 양화진 외국인선교사 묘원의 역사가 헤론으로부터 시작되었다는 점만은 분명하다. 헤론이 보여준 사랑과 열정은 영원히 식지 않을 것이다.

혜론의 묘 근처에는 가묘가 하나 있다. 선박 사고를 당해 시신을 찾지 못했기에 임시로 만들어 놓은 묘이다. 이 자리의 주인공은 1885년에 감리교 선교사로 한국에 온 아펜젤러(Henry Gerhard Appenzeller, 1858~1902)이다. 그는 서울 정동에 한국의 첫 감리교회인 정동제일교회를 세웠을 뿐 아니라, 배재학당을 설립하여 학생들에게 영어를 비롯한 기독교 교양과 대학 수준의 지식을 가르쳤다. 그는 배재학당의 학생들이 남을 아끼고 섬길 줄 아는 사람, 나라에 봉사하는 지도자가 되길 바랐다. 고도의 지식을 갖춘 똑똑한 인재보다 사회에 이로운 영향을 주는 사람이 되기를 원했던 것이다. 그는 1902년 성서번역위원회에 참석하기 위해 배를 타고 목포로 가다가 불의의 사고를 당해 숨지고 말았다. 배가 큰 증기선과 충돌하여 침몰했고, 안타깝게도 시신은 찾지 못했다. 아펜젤러가 보여 준 헌신과 노력, 섬김의 가치는 이를 계승한 중·고등학교와 대학교를 통해 현재까지 전해지고 있다.

잠시 휴식을 취하고 나서 묘역의 가장 바깥쪽에 위치한 F 구역을 둘러보자. 묘역 왼쪽에 작은 공원이 마련되어 있어 앉아서 쉴 수 있다. 둘러보며 참배하는 시간은 그리 길지 않으나 생각보다 많은 에너지가 필요하다. 여러 인물의 삶에 대해 깊이 생각하다 보면 감정을 많이 쏟게 되는 탓이다.

F 구역은 가족 묘지로 구성되어 있다. 그중 한 곳에 언더우드(Underwood) 가문 4대(총 7명)가 안장되어 있다. 그들 모두에게 한국 이름이 있었을 정도로 한국 사랑이 대단했다. 가장 먼저 이곳에 안장된 원두우(Horace Grant Underwood, 1859~1916)는 장로교 선교사로서 한국에 많은 이야기를 남겼다. 그는 1885년 부활절 아침에 제물포항(현재 인천)에 도착했다.

그가 한국에서 가장 먼저 한 일은 학생을 가르치는 일이었다. 알렌이 세운 근대 병원인 제중원에서 물리와 화학을 가르쳤다. 이듬해에는 고아를 위한 보육시설과 학교를 세워 어린아이들의 안전한 울타리가 되어 주기도 했다. 그가 세운 고아학교는 경신학교로 이름을 바꿔 운영되었고 현재 경신 중·고등학교로 역사가 이어져 온다. 별도의 대학부로 설립한 연희전문학교는 현재 연세대학교로 명맥을 이어 오고 있다. 경신학교에서 교육을 받은 김규식 박사는 언더우드의 지원을 받아 미국 유학을 다녀왔고, 이후 대한민국 임시정부의 부주석을 맡아 조국의 독립을 위해 애썼다.

선교사의 신분으로 이곳에 온 그는 한국의 교육 발전에 혁혁한 업적을 남겼다. 언어에도 특출난 재능을 보인 그는 한국말을 빠르게 익혀 보다 적극적으로 선교를 펼쳤다. 성서번역위원회를 조직해 신구약 성경을 순우리말로 번역했다. 건강이 악화되어 잠시 미국으로 돌아간 후 안타깝게도 한국으로 돌아오지 못하고 1916년 미국 애틀랜틱시티의 한 병원에서 생을 마쳤다.

언더우드의 뜻은 그의 후손들에게 고스란히 전해졌다. 2세 원한경(Horace Horton Underwood, 1890~1951), 3세 원일한(Horace Grant Underwood Jr., 1917~2004), 4세 원한광(Horace Horton Underwood

Jr., 1943~)은 한국에서 연희전문학교 교장과 연세대학교 재단이사를 맡아 한국 교육 발전을 위해 노력했다. 특히 원한경은 1919년 3월 1일에 시작된 독립만세 운동을 국내외로 널리 알리기 위해 애썼다. 일제의 탄압으로 미국으로 강제 추방 당했지만 1945년 한국이 해방되자 다시 들어왔다. 1947년부터는 연희전문학교 (현 연세대학교)를 위해 헌신하다 1951년 부산에서 세상을 떠났다. 한국 사회를 위해 일평생을 바친 그들의 업적을 마음에 깊이 새겨 본다.

이제 오른쪽으로 크게 돌며 나머지 구역을 살피자. G 구역에는 이름 혹은 'Infant'라고 적혀 있는 아주 작은 비석들이 좁은 간격으로 세워져 있다. 태어난 지 1년이 채 안 되어 세상을 떠난 영아 65명의 자리이다. 어린 자식을 일찍 떠나보낸 부모는 얼마나 황망했을까? 지켜 주지 못했다는 죄책감이 컸을 것이다. 감히 이들의 심정을 헤아리기가 어렵다.

마지막 I 구역은 선교사가 아닌 이들의 영역이다. 1950년대 이후에 미군 관련 무덤을 안장하기 시작하면서 현재는 미군을 비롯해 총 73기의 묘가 있다.

이들이 그린 삶의 궤적은 다르지만 한국에 남긴 사랑은 오랜 시간이 지나도 바래지 않는 빛으로 기억될 것이다. 크기를 잴 수 없을 만큼 숭고했던 이들의 희생과 봉사 정신을 가슴에 새기면서, 의미 있는 생에 대해 깊이 생각해 본 시간이었다.

🔍 더 알아보기

이곳에 일본인 안장자가 모셔져 있다?

양화진묘원에 서양인 선교사만 안장되어 있지는 않다. 개신교 신자로서 한국에 많은 업적을 남긴 일본인 안장자 소다 가이치(曾田嘉伊智)도 있다. 그는 한국에서 아내와 함께 보육원을 운영하며 고아들을 보살폈다. 그가 한국의 고아를 사랑으로 보듬게 된 사연은 무엇일까?

그는 젊은 시절 해외를 떠돌며 방랑 생활을 했다. 대만에 머물 때 희망 없이 술에 취해 거리에 쓰러진 그를 한 한국인이 도와주었다고 한다. 죽음의 문턱까지 갔던 자신을 구해 준 한국인의 은혜를 잊지 않기 위해 1905년 한국에 왔고, 신실한 개신교 신자가 된 이후 아내를 만나 더욱 열심히 살았다.

이후 아내와 함께 가마쿠라 보육원 경성지부를 맡아 운영하며 고아들을 돌보았다. 1921년부터 광복을 맞은 1945년까지 1천여 명의 고아들을 보육했다. 어려운 순간도 많았다. 한국인을 돕는 소다가 못마땅했던 일본은 항일운동을 하기 위한 것이 아닌지 그를 수시로 추궁했고 경제난까지 겹쳤지만 여러 사람의 기부를 받아 계속 운영할 수 있었다.

1945년 한국이 일본으로부터 해방된 이후에는 아내에게 보육원 운영을 맡기고 일본으로 돌아갔다. 일본 전국 곳곳을 다니며 전범국가인 일본이 세계 평화를 위해 앞장서서 사과할 것을 촉구하기 위해서였다. 1961년 고아원 출신 사회 인사들의 도움으로 다시 한국에 왔지만 1년도 채 되지 않은 1962년 94세의 나이로 눈을 감았다.

먼저 세상을 떠난 아내와 함께 안장된 묘지 앞에서 한국의 아이들을 따뜻하게 품어 주어 감사하다는 인사를 전해 본다.

📖

• **일제강점기** │ 묘역에 안장된 선교사들의 역사 속에 빈번하게 등장하는 이야기가 있다. '한국의 독립을 위해.' 대체 백여 년 전 한국에서는 무슨 일이 있었

던 걸까?

1910년 8월 29일, 한일병합조약(경술국치조약, 일제 병탄조약이라고도 한다)이 발표되면서 대한제국은 일본에 국권을 빼앗겼다. 황제국인 대한제국은 제후의 나라 조선이 되었고, 모든 백성은 일본 천황에 직속된 조선총독부로부터 식민 통치를 받았다.

당시 일본은 즉결 처분권을 가진 헌병 경찰을 한반도 전역에 배치하여 무력 통치를 자행했다. 일본 내부의 공업화로 인해 식량이 부족해지자 한반도의 토지와 각종 생산물을 수탈하는 방식으로 모자란 부분을 채웠고 1, 2차 세계 대전에 참전하면서 필요한 전쟁 물자를 공출로 쓸어 갔다.

무엇보다 한국인 모두를 일본 천황에 충성하는 신민으로 만들고자 민족성을 말살시키는 문화 정책을 실시한 것이 가장 가슴 아픈 일이다. 학생들은 한국어를 사용할 수 없고 일본어를 필수로 배워야 했다. 일본식으로 이름을 바꾸고 신사 참배를 따르지 않으면 일본 경찰에 끌려가 모진 고문을 당해야만 했다.

하지만 선조들은 이에 마냥 굴복하지 않았다. 자유를 되찾고 나라의 독립을 쟁취하려는 저항을 이어 나갔다. 만세운동부터 교육, 무기를 이용한 전투까지 국내외 곳곳에서 다양한 방식으로 독립을 향한 의지를 불태웠다. 이 시기 외국인 선교사들은 종교적 신념을 토대로 각자의 방식으로 한국인과 함께 일제의 억압에 맞섰다.

1945년 8월 15일, 35년간의 식민 지배는 끝이 났다. 독립을 향한 선조들의 끝없는 노력과 2차 세계대전에서의 일본 패망으로 한국은 드디어 광복을 맞았다.

• **한국의 개신교와 천주교** | 개신교는 19세기 말 조선의 개항기에 외국인 선교사들에 의해 전래되었다. '신 앞에 모든 인간은 평등하다'는 기독교 이념이 오랫동안 소외받았던 일반 민중 계층을 중심으로 널리 퍼졌다. 특히 유교 이념에서 비교적 자유로웠던 평양 지역은 '동양의 예루살렘'이라고 불릴 정도로 신자가 많았다. 1945년 광복 이후 남북 분단, 1950년에 벌어진 6.25 전쟁을 거치며 개신교 신자 대부분이 한국으로 내려왔다. 이후 개신교는 북한을 적대시하는 한국의 반공주의와 미군정 세력에 의해 크게 확장해 꾸준히 성장하였다.

천주교는 개신교와 달리 선교사를 통하지 않고 '서

학'이라는 이름의 학문으로 받아들여 자생적으로 퍼졌다. 중국을 통해 전해진 서양의 새로운 사상과 문물은 당시 조선의 현실을 극복하기 위한 하나의 방편이었다. 청나라로 떠난 외교사절단은 학문의 일종으로 천주교 교리서를 들여왔고, 일부 지식인을 중심으로 연구되었다. 19세기 후반에 이르러 신앙으로 따르는 신자들이 급격히 많아지면서 조정으로부터 모진 박해를 당했다. 1886년 조선과 프랑스가 조약을 체결하면서 종교의 자유를 부여받았다.

서울
산책자

09

시장

📍

동묘벼룩시장

· 산책 테마 ·
여러 세대가 어우러진
활기찬 주말 오후

걸음 수 | 4천 보
소요 시간 | 1시간 30분

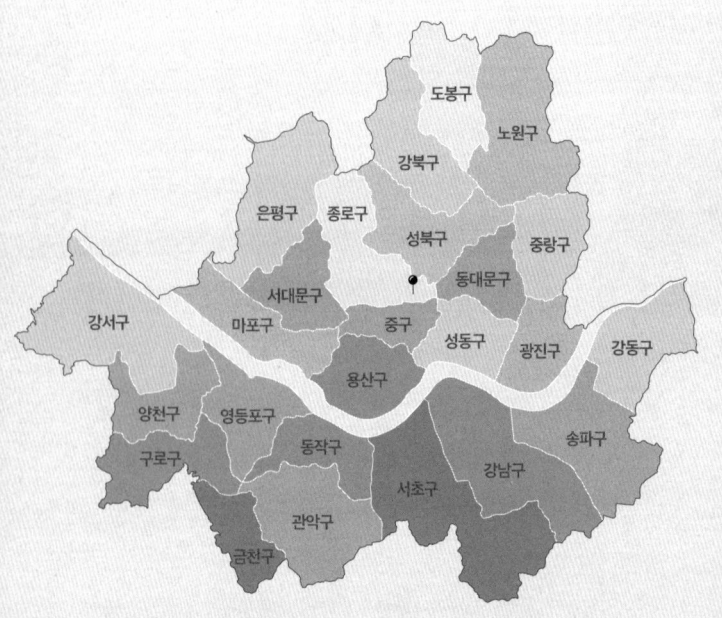

일요일 아침, 특별한 일정이 없어 모닝 알람을 끄고 늦잠을 잔다. 깨어 보니 아침인지 점심인지 모를 시간이다. 약속이 없으니 꼼짝 않고 집에만 있어도 상관없지만, 어쩐지 심심한 기분이 새어 나온다. 그렇다고 멀리 놀러 가기는 부담스럽다. 마냥 여유롭고 한가로운 산책도 지루할 것 같다. 꾸민 듯 안 꾸민 듯한 복장에, 평범하면서도 신선한 경험이 살짝 첨가된 곳에서 오후를 보내고 싶다. 내일 새로이 시작될 일상을 위해 해가 지기 전에 집에 돌아올 수 있는 그런 곳에서.

이런 기분이라면 시장 탐방이 제격이다. 시장은 서울뿐 아니라 전국 곳곳에 분포되어 있으며, 주로 일정한 구역의 골목에 소상인들이 꾸리는 상점과 노점이 서로 어우러진 형태로 존재한다. 전국 어느 곳이든, 시장은 활기찬 분위기로 사람들을 맞이한다. 지정된 휴일을 제외하고 일 년 내내 상설로 운영되거나 3일 또는 5일 간격으로 여는 시장도 있다. 서울의 시장은 대부분 상설로 운영된다.

서울의 시장은 수도를 이곳으로 이전한 조선시대에 왕실과 관청에 필요한 물건을 대기 위해 시전(지금의 종로를 중심으로 설치한 조선시대 상설 시장)을 설치하면서 역사가 시작되었다. 이후 백성들의 수요와 유통, 지리적 요인이 복합적으로 작용하여 여러 동네에 자연스럽게 시장이 형성되었다. 그 오랜 역사가 지금까지 이어져, 서울에는 현재 크고 작은 시장 418곳이 활발하게 운영되고 있다.[8]

요즘은 쾌적한 분위기의 대형 마트에서 카트를 끌며 장을 보고, 온라인으로 주문하면 다음 날 새벽에 식재료가 배달되는 세상이다. 이런 편안함에 익숙해지다 보니 과거에 비해 시장을 찾는 빈도는 확연히 줄어들었다. 그럼에도 불구하고 시장은 여전히 사람들의 일상을 책임진다. 만약 시장에 단순히 상품을 거래하는 상업적 기능만 있었다면 지금쯤 편의성과 효율성

---

8 2025년 1월 말 기준.

에 밀려 대형 종합 시장을 제외하고는 모두 사라졌을 것이다. 시장에서는 상인과 지역 주민 간 끈끈한 소통이 이루어질 뿐 아니라, 전국 각지에서 온 사람들이 모여 문화적 네트워크를 형성하기도 한다. 지역의 특색 있는 먹거리를 현장에서 즐길 수 있다는 점도 시장의 매력이다. 이처럼 사회 문화적으로 중요한 역할을 맡고 있기 때문에, 시장은 오랜 시간이 흘러도 서울을 비롯한 많은 지역에 여전히 굳건하게 존재한다.

그중에서도 최근 다양한 세대에게 많은 관심을 받고 있는 동묘벼룩시장을 둘러보려 한다. 동묘벼룩시장은 종로구에 위치한 벼룩시장으로 1980년대에 동묘를 중심으로 소상인들이 모여 자연스럽게 형성되었다. 새 물건도 있지만 대부분 사람들의 손길을 거친 중고 물건들을 다시 쓸 수 있게 수리하여 싸게 판매한다. 요즘 이 시장에 젊은 사람들의 발걸음이 잦아졌다. 특히 MZ 세대라 부르는 청년들과 가족 단위의 방문객들이 많이 찾는다. 예전처럼 여유 있게 시장을 돌아다닐 수 있는 날이 별로 없을 정도이다. 이전에는 중장년층만 찾던 시장에 젊은 사람들이 관심을 보이는 이유는 무엇일까? 현장에서 그 이유를 찾아보기로 하자.

동묘벼룩시장은 중앙에 길게 뻗은 길을 중심으로

청계천이 나오는 다음 블록까지 작은 골목들이 양쪽으로 가지치기하듯 뻗은 형태로 이뤄져 있다. 그리고 길 왼쪽 편에 동묘가 자리한다. 시장에 정문이 따로 있는 것은 아니지만 왼쪽에 크게 자리 잡고 있는 동묘 옆 큰길부터 찬찬히 걸어 보기로 한다. 큰길 사이사이로 난 좁은 골목들을 구경한 후 마지막으로 동묘를 감싸는 담벼락을 돌면서 여러 구제 상점과 맛집까지 탐방하면 좋다. 작은 것 하나 놓치지 않고 재미를 즐겨 보자.

지하철 1호선 및 6호선 동묘앞역 3번 출구로 나오자마자 사람들로 북적이는 시장 분위기가 느껴진다. 시장 입구에서부터 30~40년 전 서울을 보는 듯한 느낌이 든다. 이곳에서 판매하는 물건들은 식재료를 제외하고는 대부분 한 번 이상 사용되어 누군가의 손때가 묻은 것들이다. 천천히 걷다 보면 의류부터 모자와 신발 같은 잡화, 장신구, 중고 서적, 단종된 옛날 가전, 빈티지한 느낌의 그릇과 인테리어 소품까지 다양한 종류의 구제 물품을 구경할 수 있다. 그야말로 없는 것 빼고 다 있는 만물상이다.

바닥에 무더기로 쌓여 있는 빈티지 의류들이 시선을 빼앗는다. 거리 한쪽 바닥에 방수 처리 된 커다란 비닐 천막을 깔고 그 위에 옷들을 쌓아 놓으면 이내 장사가 시작된다. 비교적 상태가 좋거나 브랜드 옷들은 옷걸이에 걸어 놓고 판매한다. 중고 물품이다 보니 보통 3천 원부터 3~4만 원까지 저렴한 금액에 살 수 있다. 대체로 바닥에 있는 옷들은 천 원 단위, 한 장씩 걸려 있는 옷들은 만 원 단위로 가격이 올라간다. 중고 물품들은 여러 개 사면 가격 흥정도 가능하다. 잘만 하면 덤도 따라온다. 흥정과 덤은 카드보다는 현금으로 물건값을 치를 때 좀 더 수월하다.

사람들은 나만의 보물을 찾기 위해 예리한 눈으로 물건들을 꼼꼼히 관찰한다. 보통 의류 매장에서 새 옷을 살 때 원하는 색상이나 사이즈가 보이지 않으면 직원에게 요청하지만 동묘에서는 손님이 직접 손으로 뒤져 가며 찾아봐야 한다.

한 세대 이전에 만들었을 법한 오래된 물건이나 누군가 이미 사용했던 물건을 찾는 발걸음이 요즘 들어 더 많아진 것 같다. 이런 현상은 환경 친화적으로 행동하려는 현대의 사회적 흐름과 연관 지어 생각해 볼 수 있다. 최근 몇 년 사이 유행을 좇거나 싫증이 나서 물건을 바꾸고 버리는 행위가 환경오염을 가속화한다는 사실이 미디어를 통해 전파되었다. 소식을 접한 사람들은 현실적으로 실천할 수 있는 방법을 강구했고, 중고 물품을 사용하는 작은 행동들이 모여 벼룩시장의 인기를 불러왔다. 중고 물품을 거래하는 어플이 엄청난 인기를 끄는 것도 같은 관점으로 이해할 수 있고, 중고 물품에 대한 시선도 많이 달라졌다. 덕분에 공유를 통한 가치 재창출이라는 새로운 사회 분위기가 조성되고 있다.

중앙 골목을 구경하고 나서 시장 왼쪽에 위치한 동묘의 네모난 담벼락을 따라 걷다 보면 작지만 개성 넘치는 각종 빈티지 의류 편집 숍과 식당들이 나온다. 이 골목에는 젊은 사람들이 비교적 많다. 이들은 중고 의류를 센스 있게 매치하거나 새로운 형태로 리폼해서 입는다. 자신의 정체성을 외양으로 화려하게 보여 주고 싶은 욕구와, 대세라고 해서 무조건 따르기는 싫은 욕구를 동시에 채운다. 중고 의류는 이들에게 구제 혹은 빈티지라는 이름으로 사랑받고 있다.

금강산도 식후경이다. 시장 구경이 아무리 재밌어도 많이 걷다 보면 지치기 마련이다. 시장의 활기찬 분위기와 어울리는 즉석 먹거리를 제대로 즐겨 보자. 시장 내 식당도 다른 곳보다 저렴한 편이다. 길거리에서 즐길 수 있는 먹거리는 토스트, 식혜, 미숫가루, 아이스커피 등으로 식혜를 마실 때는 빨대를 휘저어 바닥에 가라앉은 밥알까지 다 마셔야 제대로 먹었다고 할 수 있다. 어르신들은 막걸리 한 잔에 피로가 풀리고 흥이 오른다.

조금 더 뒷골목으로 가 볼까? 좁은 골목 사이로 사람들의 호기심을 유발하는 공간들이 숨어 있다. 낡은 건물 안에는 어떤 이야기가 숨어 있을까? 골목 한쪽에 지하로 내려가는 좁고 오래된 계단이 하나 있다. 알 수 없는 기운에 이끌려 한 칸 한 칸 조심스레 발을 디디며 내려가니 지하에 엄청난 물건들이 가득하다. 이제는 더 이상 생산하지 않는 단종된 카메라, 장난감, LP, CD, 카세트 등이 진열장에 빼곡하다. 기술의 빠른 발전에 따라 음악·영상 관련 소형 기기도 하루가 멀다 하고 새로운 버전이 출시되는 세상이다. 변화에 적응하기도 어려울 정도로 모든 것이 빠른 시대이다 보니 20~30년 전 물건임에도 마치 국보급 유물을 우연히 발견한 듯한 느낌으로 다가온다.

30여 년 전 유행했던 가수들의 음반은 당시보다 지금 더 비싸게 팔린다. 발매할 당시 한정판이었거나 친필 사인이라도 새겨져 있으면 가격은 두세 배 더 뛴다. 그동안 세월은 손에 잡히지 않고 무심히 흘러가 버리는 줄로만 알았는데, 이렇게 옛 물건에 조용히 쌓이기도 하는 것 같다.

아이들과 함께 온 부모들도 보인다. 아이들에게 중고 물건들은 어떻게 보일까? 이곳의 옛 물건을 이미 한 번쯤 사용해 봤던 부모들은 추억을 소환하며 아이들에게 '라떼는 말이야'를 시작한다. 아이들은 호기심 어린 눈빛으로 바라보며 부모가 들려주는 옛날이야기를 덧입혀 경험하지 못한 과거를 상상해 본다.

어느새 해가 저물어 간다. 해가 지면 마무리하려 했던 우리의 오후 나들이 계획을 미리 알고 있었다는 듯이 상인들은 서둘러 물건을 정리한다. 집으로 돌아가기 위해 시장에서 나오는 발걸음에는 생기 넘치는 오후의 즐거움이 잔뜩 묻은 느낌이다. 매일 커다란 공장에서 새 물건이 쏟아져 나오는 시대에 옛 시간을 품은 물건들이 주는 재미가 의외로 크다.

동묘벼룩시장에서 가장 인상 깊은 장면은 한 공간에 다양한 연령대의 사람이 모여 있는 모습이다. 십 대부터 팔십 대 이상 어르신까지 여러 세대가 다 같이 모이는 공간은 흔치 않은데, 동묘시장이 그 어려운 일을 해냈다. 어린이를 동반한 가족의 시장 체험부터 자신의 개성에 걸맞은 물건을 찾아 나선 젊은이들의 열정,

어르신들의 느긋한 산책까지. 서로 대화하지 않아도 같은 시공간에서 시장의 문화를 함께 즐기는 것만으로도 세대 간의 이해와 소통이 가능해지는 듯한 기분이다.

🔍더 알아보기

한국에 관우를 기리는 사당이 있다?

왜 시장 이름에 동묘(東廟)가 붙었을까? 시장의 전체적인 구조를 보면 시장이 동묘를 품고 있는 건지 아니면 동묘가 시장을 끌어안고 있는지 모를 정도로 장소적 의미가 꽤나 강해 보인다. 동묘 안으로 들어가 직접 확인해 보자.

정문 안으로 들어가면 공간 한가운데에 평평하게 깔아 놓은 돌길을 따라 하나의 문이 더 설치되어 있다. 두 번째 문 앞에 비석이 두 개 세워져 있다. 오른쪽 비석은 하마비라 부른다. '권력이 높든 낮든 모두 말에서 내리라'는 뜻의 글자가 쓰여 있는데 궁궐, 종묘 등 신성한 곳에 들어가기 전에 예의를 갖추라는 표석이다. 왼쪽의 작은 비석에는 '금잡인'이라 쓰여 있다. 아무나 함부로 들어오지 말라는 의미이다.

비석들을 보니 평범한 기와집은 아닌 듯하다. 두 개의 문을 지나면 중심 건물로 보이는 정전이 크게 자리 잡고 있다. 정전 양쪽으로는 별도로 세운 보조 건물이 하나씩 있는데 언뜻 한국의 전통 목조 건축물 같지만 건물의 옆과 뒤쪽 외벽을 벽돌로 마감한 부분을 보니 중국풍이다.

정전 안으로 들어가면 제사를 지내기 위한 빈 공간이 나온다. 바닥에는 누군가 소원을 빌며 던진 동전과 지폐들이 있다. 안쪽에는 공간의 주인공을 나타내는 동상이 세워져 있다. 금색으로 치장한 동상은 누군지 몰라도 강렬한 존재감을 드러낸다. 용맹하고 위엄 있는 표정으로 앉아 있는 동상의 주인공은 바로 관우 장군이다. 이곳은 중국 후한 말의 용맹한 장군을 위한 사당인 것이다. 그런데 왜 한국에 관우의 사당이 있는 걸까?

16세기 말, 한국의 굴곡진 역사 속에 그 건립 배경이 있다. 1592년, 일본이 조선을 침략하며 전쟁(임진왜란)이 발발했다. 전국 각지에서 활약한 관군과 의병, 이순신 장군의 뛰어난 전략과 희생이 있어 7년간의 전쟁을 치르고도 나라를 지킬 수 있었다. 하나 더, 명나라의 군사적 지원도 큰 도움이 되었다. 전쟁이 끝난 후 명나라는 조선에 한 가지를 요청했다. 명나라의 장수들이 관우의 신령을 본 후 전투 중 위기를 극복했다며 관우의 사당을 지어 달라는 것이다. 명나라 황제 또한 사당을 설치하는 자금을 지원하는 등 적극적으로 나서면서 서울 한복판 네 곳에 관우 장군의 사당이 설치되었다.

당시 서울의 동서남북 방향 네 곳에 설치했는데 이곳이 동쪽에 설치한 관왕묘(關王廟)이기에 동관왕묘로 부르다가 지금은 줄여서 '동묘'라고 한다. 현재는 관왕묘 네 곳 중 남관왕묘와 이곳만 남아 있다. 이곳은 한국의 굵직한 역사를 살필 수 있고, 건축물이 비교적 잘 보존되어 있어 1963년 보물로 지정되었다. 이름이 가진 상징성 덕분에 시장을 구경하면서 서울 한편에 쌓인 역사도 만나 볼 수 있다.

📖

- **식혜** | 동묘는 길거리 음식을 맛보는 것만으로도 가볼 만한 가치가 있다. 컵에 담아 주는 계란 토스트, 전통 음료와 주류 모두 천 원 한 장으로 즐길 수 있다. 그중 식혜는 내·외국인에게 모두 인기가 있다.

식혜는 물에 엿기름(보리 싹을 말린 것) 가루를 넣고 끓인 다음 밥을 넣고 발효시켜 맛이 들게 한다. 일정 시간이 지난 후에 설탕을 넣고 한 번 더 끓이면 완성된다. 시원하게 마신 식혜 한 잔에 다소 지친 몸과 마음에 다시금 생기가 샘솟는다.

- **미숫가루** | 여러 곡물을 볶아 가루로 만든 다음 물에 타서 마시는 음료다. 옛날부터 음식 재료를 오래 보관하여 먹고자 하는 방법으로 탄생한 음식이다. 전쟁 시기에는 비상식량으로 애용되었고, 현대에는 다이어트를 하는 사람들에게 대체식으로 사랑받는다. 곡물이 주성분이라 밥을 먹은 듯 든든하다. 물 대신 우유나 두유에 타 마시면 고소함이 배가된다.

- **막걸리** | 동묘의 핵심 구매층은 중장년층이다. 그들을 공략할 수 있는 최고의 먹거리는 막걸리이다. 막걸리는 쌀이나 보리, 밀과 같은 곡류를 쪄서 밥을 한 다음 누룩(곰팡이의 일종)과 물을 섞어 4~7일간 밀폐하여 발효시켜 만든다. 건더기를 걸러 원액을 마시면 달짝지근하다. 발효하여 생긴 탄산이 상큼함을 더한다. 막걸리의 역사는 한국의 벼농사 역사와

함께 오랜 시간 이어져 왔다. 농사를 짓는 사람들의 새참으로 빠지지 않았기에 지금도 서민들의 술로 인기가 많다.

10

수변 공원

📍

여의도 한강공원

· 산책 테마 ·
서울 시민의 숨통을 틔워 주는,
일상의 즐거움이 가득한 곳

걸음 수 | 6천 보
소요 시간 | 2시간

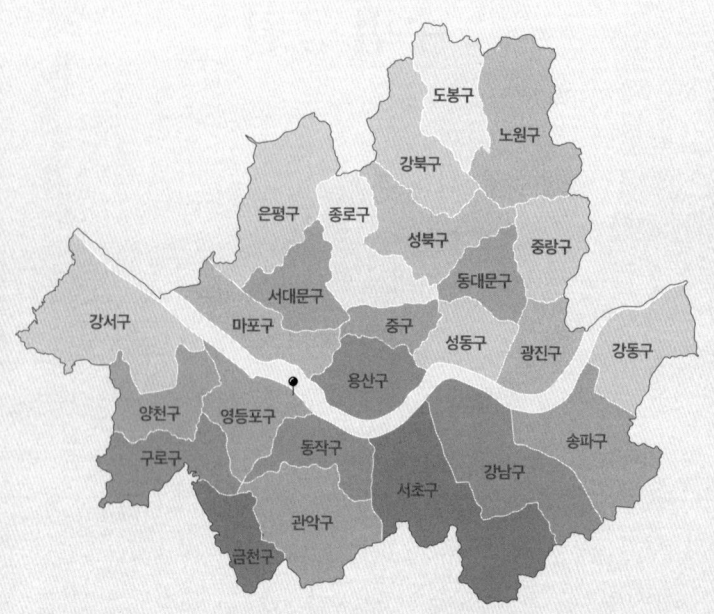

옛 서울 한양의 물인 청계천을 산책했으니, 이번에는 좀 더 큰 물로 가 보자. 현대 서울의 중앙을 가로지르는 물, 한강을 즐길 차례이다. 한강변을 따라 조성된 공원을 거닐면서 서울의 수변 공원 문화를 다채롭게 즐겨 보려 한다.

한강공원은 서울의 공원 문화를 아주 잘 보여 주는 장소이다. 일반적으로 공원은 도시의 자연 경관을 보호하고, 사람들의 여가와 휴식을 위해 조성된다. 한강공원에서는 소란스럽고 바쁜 빌딩 숲을 벗어나, 초록빛 식물과 묵묵히 흐르는 강을 옆에 끼고 산책하며 잠시나마 삶의 여유를 즐길 수 있다. 한강공원은 서울의 지형적 특징을 살려 어떤 곳보다도 가장 가까이에서 한강을 바라볼 수 있게 조성되었다. 덕분에, 공원을 거닐면서 시선을 방해하는 요소 없이 한강을 감상할 수 있다.

더불어 한강공원은 서울의 여느 공원보다 활기차고 건강한 분위기를 지녔다. 사계절 내내 다양한 신체 활동을 할 수 있는 시설이 설치되어 있다. 산책과 달리기를 할 수 있는 보행로와 자전거도로, 여러 가지 스포츠를 즐길 수 있는 체육장과 다양한 생활 운동 기구가 많아서 계절 상관없이 즐거운 시간을 보낼 수 있다. 심지어 여름에는 수영장, 겨울에는 눈썰매장까지! 그러니 아마 이곳에서 그냥 걷기만 할 수는 없을 것이다.

하지만 공원으로의 접근이 쉽지 않다면 이 모든 장점은 아무 소용이 없을 것이다. 지하철과 버스, 자동차를 이용해 한강공원으로 쉽게 진입 가능하다. 또한 공공적 성격을 가진 곳으로 언제든 무료로 입장해서 즐길 수 있다. 그 덕에 남녀노소 편하게 어울려 화합의 분위기를 만들어 낸다.

서울에는 한강이 흐르는 길을 따라 11개의 수변 공원이 조성되어 있다. 서울 동쪽에서 서쪽 방향 순으로 광나루, 잠실, 뚝섬, 잠원, 반포, 이촌, 여의도, 망원, 난지, 양화, 강서까지 총 11개의 한강공원이 곳곳에 있어 사람들에게 휴식과 활력, 즐거움을 준다.

그중 접근하기 쉽고, 체험 요소가 많은 여의도 한강 공원에 가 보자. 봄, 여름에는 하루 평균 5만 명 이상이 찾아온다. 사람들이 모여 만들어 내는 활기찬 에너지를 가득 느낄 수 있다. 이번 걷기 여행에는 잔디밭에 깔고 앉을 돗자리를 가져가는 것을 추천한다. 혹시 없다면 그냥 몸 가벼이 가도 된다. 현장에서 다 해결 가능하기 때문이다.

이번 여행길은 지하철 5호선 여의나루역에서 시작한다. 2번 출구를 찾아 밖으로 나가다 보면 역사 내에 러너들을 위한 특별한 공간이 조성되어 있다. 한강공원 길을 따라 달리기 위해 이곳을 찾는 사람들이 그만큼 많다는 의미이기도 하다. 파우더룸과 사물함 등 다양한 시설이 구비되어 있고, 러닝 및 스트레칭 자세를 가르쳐 주는 영상도 시청 가능하다. 돌아갈 때는 러닝 인증 사진도 찍을 수 있다. 지하철 벽에 쓰여 있는 문구를 보니 정말 걷기만 할 수는 없을 것 같다. "달리는 행복감을 아시나요? 반짝반짝 한강뷰는 덤!(Running fun? How does running make you feel? This is just the most fun ever!)"

그렇게 2번 출구로 나오면 가장 먼저 눈에 띄는 상점이 있다. 피크닉 도구 대여점이다. 돗자리와 간이 테이불 등 간단한 피크닉에 필요한 물품을 세트로 대여해 준다. 잠시 산책만 하려고 나왔던 사람들도 한강공원의 분위기에 취해 돗자리를 빌리고 만다. 가격이 그리 부담스럽지 않으니 대여해서 한강공원 잔디밭 피크닉도 경험해 보자.

여의도 한강공원 중앙길로 입장하면 물빛광장과 그 앞으로 푸르른 한강이 쫙 펼쳐진다. 여름 휴가철에는 물빛광장이 수심 얕은 물놀이장으로 변해 아이들을 동반한 가족들이 시원하게 여름을 보낸다. 이제부터 이곳을 중심으로 한강 길을 따라 넓게 조성된 여의도 한강공원을 반시계 방향으로 길게 돌며 즐길 것이다. 한강 다리 기준으로는 원효대교 쪽으로 갔다 뒤로 돌아 마포대교, 서강대교 아래를 걷게 된다.

중앙에 있는 물빛광장으로 들어가기 전에 오른쪽으로 방향을 틀어 보행로를 따라 걸어 보자. 먼저 한강공원을 왼쪽 시선에 두고 걸으며 빌딩이 많은 서울의 익숙한 풍경과 여유로운 한강공원의 풍경을 비교해 본다. 오른쪽에는 서울에서 높다는 빌딩이 아주 많다. 잠실에 있는 롯데월드타워 다음으로 높은 파크원타워, 서울국제금융센터(IFC), 63빌딩 등이 있다. 이것이 서울의 전형적인 모습이라면 반대쪽에서는 여유가 느껴진다. 사람들이 길을 따라 걷고, 벤치에 앉아 한강을 바라보며 마음의 휴식을 취하고, 넓게 펼쳐진 잔디밭에 모여 앉아 즐거운 대화를 나눈다. 금융센터로 유명한 여의도에 자리한 한강공원은 휴식과 쉼 그 자체이다.

우리를 맞이하는 다음 풍경은 공원에서 레포츠를 즐기는 사람들이다. 한강공원은 자전거도로와 보행로가 잘 구분되어 있어 계절에 상관없이 달리기와 자전거 타기를 생활 운동으로 즐길 수 있다. 러너들이 이곳을 즐겨 찾는 가장 큰 이유는 달리면서 도심 속 자연을 마음껏 느끼고, 시시각각 달라지는 한강의 풍경을 감상하기에 최적이기 때문이다. 특히 해가 질 무렵 하늘이 보여 주는 아름다운 빛깔의 노을은 형용할 수 없을 정도로 아름답다. 노을빛이 한강의 물결과 만나 멋진 그림이 완성되는데 마치 풍경화 속을 달리는 기분이지 않을까? 러너들은 초보자부터 숙련자까지 각자의 페이스로 열심히 달린다.

자전거 타는 사람도 많다. 본인 자전거로 스포츠를 즐기는 사람과 한강공원에서 자전거를 대여해서 타는 사람들이 한데 어우러져 공원을 리드미컬하고 활기차게 만든다. 1인용, 유아가 동승할 수 있는 자전거, 가족용 다인승 자전거 등 자유롭게 선택해 대여할 수 있으니 한가로운 휴식과 경쾌한 신체 단련이라는 두 마리 토끼를 모두 잡아 보자.

공원 쪽을 바라보니 캠핑장을 방불케 하는 풍경이 펼쳐진다. 4~10월에는 한강공원에 그늘막이나 텐트를 치고 즐길 수 있다. '한강뷰'라는 큰 매력에, 화장실과 편의점 등 편의시설이 갖춰져 있어 인기가 많다. 다만 공공 구역이으로 쾌적한 공원 분위기와 안전을 위해 이용 시간, 이용 구역 등 관련 규칙을 철저히 지켜야 한다. 그늘막 및 텐트 설치 허용 구역에서만 이용하기, 안전을 위해 텐트 양쪽 문은 다 열어 두기, 당일 밤에 자진 철거 하기, 취사 행위 금지, 쓰레기는 다시 가져가기 등의 규칙은 공원이 모두에게 즐거운 공간이기 위해 지켜야 할 필수 사항이다.

원효대교 방면으로 조금 더 걷다 보면 한구석에 재밌는 공간이 눈에 띈다. 1번 배달존이다. 한국인은 공원에서도 배달 음식을 찾는다. 이 광활한 공원으로 배달이 가능하다는 것 자체가 신기할 수 있지만, 한국의 배달 음식은 못 가는 곳 빼고 다 간다. 그런데 드넓은 공원에서 내가 있는 장소를 어찌 설명한단 말인가? 한국인의 배달 음식 사랑은 방법을 만들어 낸다. 배달 기사와 주문자가 만나 음식을 배달받을 수 있는 전용 장소가 세 곳 있다. 1, 2, 3번 배달존 중 하나를 선택해서 주문하면 장소를 길게 설명하지 않아도 쉽게 받을 수 있다. 탁 트인 한강의 풍경을 바라보며 음식을 먹으면 분위기에 취해 맛이 더욱 특별해진다.

원효대교 아래를 지나니 오른쪽으로 63빌딩이 아주 크게 다가온다. 1985년에 완공된 63빌딩은 2000년대까지 한국인에게 '높은 건물'의 상징이었다. 지금은 63빌딩보다 더 높은 빌딩이 아주 많지만 곡선으로 뻗어 올라가는 모양과 황금빛 유리로 치장한 겉모습은 시간이 지나도 가히 독보적이다.

이제 유턴하듯이 왼쪽으로 코너를 돌아 수변 풍경에 좀 더 가까이 다가가자. 시선의 방향이 바뀌었다. 아까와는 반대로 왼쪽으로는 너른 잔디밭과 벤치 등으로 이루어진 한강공원이, 오른쪽으로는 한강이 바라보인다. 한강을 더 가까이에 두고 걸으니 강을 타고 불어오는 바람이 더욱 시원하게 느껴지는 듯하다. 지나쳤던 원효대교 아래를 다시 통과하며 공원을 즐기는 사람들을 관찰해 본다. 아이와 함께 연을 날리거나 '무궁화 꽃이 피었습니다' 놀이를 하는 가족도 있고, 형제인 듯 보이는 두 명의 어린이가 자전거를 타다가 내려서는 손을 꼭 잡고 한강을 바라본다. 지금 한강공원을 즐기는 사람들은 저마다의 소중한 추억을 만드는 중이다.

유람선 선착장이 눈에 띈다. 나루터가 많았던 곳이니 배를 타는 것도 의미가 있을 것이다. 여의도 한강공원 유람선은 서울의 야경을 마음껏 즐길 수 있는 야간 타임이 인기가 좀 더 많다. 배를 안 타더라도 선착장 앞 너른 광장에 카페와 편의점이 있으니 마련된 테이블과 벤치에서 간식을 먹을 수도 있다. 여유가 있다면 편의점에서 한강공원의 명물 한강라면을 끓여 먹어도 좋을 것이다.

한강공원에는 다양한 사람들이 모인다. 사랑과 우정으로 똘똘 뭉친 20~30대도 한강공원을 많이 찾는다. 그들은 공원의 푸르름을 닮았다. 이들이 삼삼오오 모인 자리에는 즐거운 이야기꽃이 핀다. 데이트하는 연인은 굳이 돗자리가 없어도 따뜻한 사랑을 방석 삼아 앉아서 둘만의 추억을 쌓는다. 반대로 어깨를 짓누르는 삶의 무게로 힘에 부친 듯한 이들도 곳곳에 보인다. 혼자만의 쉼이 필요한 순간이다. 흐르는 강물에 각자의 마음을 쏟아 들리지 않는 근심을 토해 내는 듯하다. 마음이 복잡하고 무거운 이들에게 한강은 위로의

물결을 선물한다. 그들이 다시 일어날 때 몸과 마음이 조금은 개운해져 있었으면 좋겠다. 때마침 강물에 윤슬이 부드럽게 비친다. 어느 물결 하나 서로 더 튀려고 하지 않는다. 조화롭고 평온한 반짝임에 절로 행복해진다.

어느새 마포대교 아래를 지난다. 왼쪽으로 처음 입장했을 때 보았던 물빛광장이 보인다. 멀리서 볼 때는 그저 아무것도 없는 광장이었고, 얕은 물에서 뛰어노는 어린이들만 보였는데 한강 가까이에 오니 느닷없는 인어공주 동상이 눈에 띈다. 서울시와 덴마크 코펜하겐시가 우호 협력을 맺은 기념으로 서로의 도시 상징물을 교환하면서 설치한 것이다.

근처 물빛무대에서 언더그라운드 가수의 공연이 종종 펼쳐지는데, 사람들은 계단에 앉아 박수를 치기도 하고 빈백에 누워 즐기기도 한다. 어느새 나도 한자리를 차지하고 앉아 경쾌한 리듬에 맞춰 고개를 끄덕인다. 봄, 여름, 가을 주말에는 절대 그냥 걸을 수 없다. 열 걸음마다 즐길 거리들이 나타나 발걸음을 붙든다. 한강공원은 늘 축제다. 해가 거듭될수록 더 재밌는 축제들이 열리니 북적이는 분위기를 만끽하고 싶다면 계절이 짙게 느껴지는 주말에 이곳을 찾아 보자.

노을이 짙어지는 시간, 서강대교가 눈앞에 보일 때쯤 산책을 마무리하자. 한강을 뒤로하고 일상으로 돌아간다. 열정이 넘치는 일상에 잠시 여유와 힐링이 필요한 때가 찾아오면 각자 마음의 소리에 집중해 쉼의 시간을 갖자. 그럴 때 한강공원이 좋은 쉼터가 되어 줄 것이다. 이곳에서 걷고 뛰고 바퀴를 굴리며 강바람을 맞자. 잔디밭에 누워 아무것도 하지 않고 멍때리며 충분한 휴식을 누리자. 일상에서 누리지 않았던 문화 체험을 하면서 활력을 찾아보자. 늘 한결같이 흐르는 한강은 그렇게 서울 한복판을 가로지르며 우리에게 편안함과 즐거움을 줄 것이다.

🔍 더 알아보기
역사 속 한강과 여의도

아주 오래전 고구려, 백제, 신라 세 나라가 한반도에서 나라를 이룬 삼국시대에 한강은 항상 전쟁이 벌어지던 각축지였다. 한강은 그 자체만으로도 식량 자원을 구하기 좋고, 주변 토질은 농사짓기에 좋아 세 나라 모두 중요하게 여기는 장소였다. 한강을 따라 서해 바다로 나아가 중국과 교류하기에도 아주 좋았다. 결국 한강은 신라가 차지했다.

조선시대에는 왕릉을 한양 밖에 조성해야 했지만, 최대한 한강을 건너지 않고 갈 수 있는 거리에 두려 했다. 너무 멀면 왕이 직접 참배하러 가기 힘들고, 한강까지 건너 남쪽으로 가야 할 때는 더 큰 수고가 따랐다. 그래서 실제로 고양, 파주, 구리 일대에 왕릉이 많이 모여 있다. 그럼에도 풍수지리의 이유로 여주나 화성처럼 한강 이남에 자리 잡은 왕릉에 갈 때는 반드시 한강을 건너야 했다.

한강은 왕릉 참배길뿐 아니라 일부 지방에서 상경하는 백성과 다양한 물자가 들어오는 길목이었다. 세금으로 거둬들인 쌀도 한강을 따라 모여들었기에 강가에는 창고와 나루터가 즐비했다. 오늘날 지하철역 이름인 여의'나루'에도 이런 역사적 흔적이 남아 있다.

근현대기에 접어들어 한강, 특히 여의도의 풍경이 많이 달라졌다. 일제강점기에는 일본이 군사 목적으로 비행장을 만들었고, 해방 후에는 공군기지로 쓰이기도 했다. 1970년, 한강과 여의도 개발 계획으로 아파트와 빌딩이 들어섰다. 한국 정치의 상징인 국회의사당, 63빌딩, 방송국, 금융기업까지 모여들어 현재 여의도는 정치 및 경제 중심지가 되었다.

- **'한강'의 유래** | 한강이라는 이름은 큰 물줄기를 의미하는 우리말인 '한가람'에서 유래되었다. '한'은 '크다, 넓다, 길다, 가득하다'의 의미이며, '가람'은 '크고 넓은 강'을 의미하는 옛말이다. 그러므로 한강은 크고 넓으며 가득한 물이 흘러가는 강이라는 뜻이다.

- **한강라면** | 한강라면의 시작은 2010년쯤이다. 한강공원 편의점에 라면 조리 기계가 들어오기 시작했다. 이전까지는 컵라면에 뜨거운 물을 부어 먹었지만, 즉석조리기가 들어오면서 야외에서 냄비에 봉지 라면을 끓여 먹는 듯한 즐거움과 라면다운 맛을 제대로 즐길 수 있어 인기가 많아졌다. 봉지 라면을 뜯어 전용 종이 용기에 면과 분말수프를 넣고 조리기에 올려놓으면 끝. 용량대로 물이 나와 시간 맞춰서 보글보글 끓여 준다. 물 양을 못 맞춰서 망하는 일이 절대 없다. 10년 전까지만 해도 라면은 그저 한강에서 즐기는 여러 음식 중 하나에 불과했지만 이제는 어엿한 주인공이다. 라면을 먹기 위해 한강공

원을 찾는 사람도 있을 정도다.

- **계절별 놀거리** | 봄과 가을은 피크닉과 각종 축제 덕분에 방문 자체만으로도 즐겁다. 하지만 여름과 겨울은 날씨의 영향을 많이 받는 계절이다. 여름과 겨울을 잘 즐길 수 있는 놀거리에는 무엇이 있을까? 여름에는 수상스포츠와 유람선이 있고 무더위를 잊게 해 주는 다채로운 활동이 많다. 윈드서핑, 카약, 패들보드 등을 한강에서 즐길 수 있다. 한강공원에 배치된 강사들이 안전하게 즐기도록 도와주고, 장비도 대여해 준다. 겨울이 되면 또 다른 놀거리가 만들어진다. 12~2월에는 남녀노소 누구나 즐길 수 있는 눈썰매장이 개장한다. 합리적인 가격의 입장료와 따뜻한 어묵 국물로 춥지 않은 겨울을 보낼 수 있을 것이다.

11

숲

📍

서울숲

· 산책 테마 ·
도심 한복판 푸른 쉼터를
느리게 산책하다

걸음 수 | 4천 보
소요 시간 | 1시간 30분

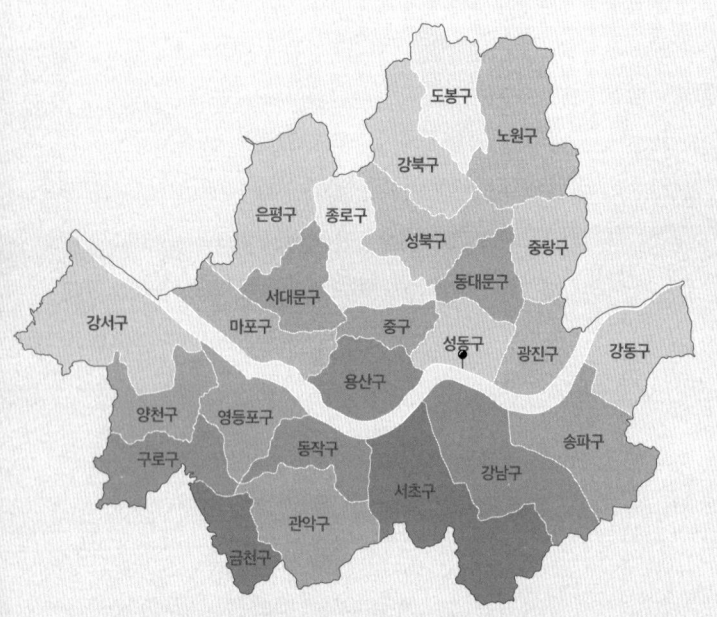

도봉구

노원구

강북구

은평구

종로구

성북구

중랑구

서대문구

동대문구

강서구

마포구

중구

성동구

광진구

강동구

용산구

양천구

영등포구

동작구

송파구

구로구

서초구

강남구

관악구

금천구

서울은 한국에서 가장 현대적인 모습을 보여 준다. 도시의 변화를 가장 빠르게 확인할 수 있는 것이 서울의 매력이라지만 서울 시민들의 마음속에 꼭 현대적인 것들만 담겨 있지는 않다. 높은 빌딩 숲에서 분주하게 살아가는 사람들도 가끔은 전혀 다른 세상을 마주하고 싶어 한다. 도시의 소음이 한순간에 차단되는 곳, 멀리 가지 않아도 푸른 내음을 짙게 느낄 수 있는 곳, 천천히 걷고 싶은 곳 말이다.

서울에서 이런 곳이 흔하지는 않지만 의외의 장소에서 만날 수 있다. 최근 몇 년 사이 크게 변화한 성수동이다. 옛 공장을 개조한 카페와 갤러리, 독립 서점이 하나둘 들어서면서 감각적인 공간들이 생겨났다. 다양한 전시와 새로운 브랜드 론칭 행사도 자주 열린다.

이렇게 감각적이고 트렌디한 거리 끝자락에 완전히 다른 분위기의 자연 속 쉼터 '서울숲'이 있다. 지하철 수인·분당선 서울숲역에서 내려 서울숲 방향으로 걸으면 어느 순간 다른 세상에 와 있는 듯한 풍경을 마주하게 된다. 처음 서울을 여행하는 사람이라면 '서울에도 이런 곳이 있었어?' 하며 놀랄지도 모른다.

2005년에 개장한 서울숲은 서울 도심 한가운데 자리 잡은 거대한 녹지 공간이자 자연과 문화가 공존하는 곳이다. 도시의 생태와 지속 가능성에 대한 사회적 관심이 커진 시기에 자연과 인간, 동물의 공존을 고민하며 조성한 공간이다. 오늘은 이곳을 천천히 걸으며, 서울숲이 가진 특별한 매력을 하나씩 발견해 보려 한다.

서울숲 입구로 들어가면 먼저 푸른 자연이 펼쳐진 공간이 한눈에 들어온다. 그다음은 편한 숨으로 공기의 변화를 체감할 수 있다. 이어서 자동차 소리 대신 자연에서 나는 여러 소리가 청각을 깨운다. 발밑의 길이 대부분 잔디, 흙과 돌로 되어 있어 걸음이 한결 편하다.

서울숲은 너른 잔디밭을 중심으로 조각 작품과 공공미술 설치물이 있는 '문화예술공원', 인공 연못과 자연형 습지가 있는 '습지생태원', 자연 그대로의 모습을 볼 수 있는 '자연생태숲', 곤충식물원과 나비정원이 있는 '자연체험학습원'까지 총 4가지 테마로 구성되어 있다.

서울숲에 진입해 첫 번째로 만나는 공간은 문화예술공원이다. 서울숲을 처음 찾는 사람들이 가장 먼저 발을 디디게 되는 곳이다. 가족마당의 넓은 잔디밭으로 향하는 길에 군마상과 거울연못과 조각정원이 나란히 길게 펼쳐져 있다. 거울연못 표면이 유리처럼 맑아서 바람이 없는 날엔 주변 나무들과 하늘이 그대로 비친다. 물속에 하늘이 담겨 있는 듯한 풍경은 그야말로 '서울 속의 또 다른 서울'이다. 그 옆에는 나무 사이로 불쑥불쑥 나타나는 멋진 조각 작품들이 있다. 자연과 예술이 만나는 순간이다.

안쪽으로 조금 더 들어가면 가족마당이 있다. 가족마당은 시원하게 펼쳐진 너른 잔디광장과 소박하면서도 운치 있는 야외무대로 이루어져 있다. 객석은 무대 앞 잔디밭이 대신하여, 누구든 자유롭게 앉거나 눕고 머물 수 있다. 공연이 열리는 특별한 날에는 잔디밭이 관객석이 되지만, 사실 공연이 없어도 텅 빈 무대 자체가 충분히 아름답다. 어쩌면 이곳은 무언가를 '보기 위한' 공간이라기보다, 그저 자연스럽게 '머무

르는' 공간인지도 모른다. 이곳을 찾는 어린이들은 빈 무대의 주인공이 되어 가족들에게 춤과 노래를 보여주기도 한다.

주말이면 가족 단위의 방문객이 잔디 위에 돗자리를 펴고 소풍을 즐긴다. 간혹 요가, 피크닉, 플리마켓 같은 작은 행사도 열린다. 아마추어 연주자의 기타 선율이 잔디밭 위를 가득 채우기도 한다. 이렇게 누구에게나 열려 있는 가족마당에서는 서울 시민의 평범한 일상과 자연이 아주 쉽게 어우러진다. 도시 한가운데 놓인 초록빛 쉼터로서, 언제나 방문객들을 편안하게 맞이하는 공간이다.

잔디광장을 지나 오른쪽으로 발길을 돌리면, 곧바로 키 큰 나무들이 줄지어 선 메타세쿼이아길이 펼쳐진다. 이곳은 단순한 산책로가 아니라, 서울숲에서 시간이 가장 느리게 흐르는 길인 것 같다. 흙으로 덮인 산책로를 중심으로 양쪽에 하늘을 찌를 듯 곧게 뻗은 나무들이 서 있다. 이 나무들은 산책하는 사람들을 조용히 에스코트하는 듯하다. 덕분에 천천히 걸음을 내디디며 힐링의 시간을 갖는다.

흙길을 걷는 것은 아스팔트 위를 걷는 것과는 분명히 다른 느낌으로, 자연의 결이 더욱 깊게 느껴진다.

도시에서는 늘 바쁘게 걷기 마련이지만, 이 길을 따라 걷다 보면 굳이 서두를 이유가 없어진다. 일상 속 빠른 걸음을 잠시 멈추고, 자연의 리듬에 발맞추게 되는 시간이다. 메타세쿼이아길뿐 아니라 서울숲의 모든 산책로에서 사람들은 일상을 살아갈 때보다 속도를 늦추어 걷는다. 어떤 사람들은 이어폰을 끼고 산책하고, 또 어떤 이들은 손을 잡고 이야기를 나누며 걷는다. 이곳을 산책하며 얻는 가장 큰 경험은 '속도 늦추기'라는 생각이 든다.

잔디광장을 지나 오른쪽, 잔잔한 물소리가 들려오는 방향으로 발걸음을 옮기면 두 번째 테마 공간인 습지생태원에 도착한다. 이곳은 인공 연못과 자연형 습지로 구성되어 있다. 조용하고 고요한 분위기에 마음이 금세 평온해진다.

습지생태원에는 계절마다 다른 얼굴을 한 자연이 펼쳐진다. 봄과 여름에는 각종 수생식물이 무성하게 자라 길옆을 채운다. 가을에는 억새가 바람을 따라 부드럽게 흔들리며 가을빛을 퍼뜨려 준다. 겨울에는 갈대 사이로 비치는 햇빛이 은은한 풍경화를 그린다. 특히 초여름의 풍경이 인상적이다. 연못 위에 수련과 연꽃이 차례로 피어나는데, 넓은 잎 사이로 햇살이 비치면 물 위가 은은하게 반짝이는 모습이 가히 장관이다. 클로드 모네가 바라본 수련의 풍경이 이렇지 않았을까 상상해 본다.

습지 주변으로 나무 데크길이 부드럽게 이어져, 물가에 가까이 다가가 자연을 관찰할 수 있다. 물새와 곤충, 가끔씩 수초 사이로 나타나는 개구리는 도심에서는 보기 힘든 존재들이기에 더욱 특별하게 다가온다. 이곳에서는 다양한 사람들이 저마다의 방식으로 풍경을 즐긴다. 유모차를 밀며 산책하는 가족, 물속을 들여다보며 질문을 쏟아 내는 아이, 그 옆에서 아는 지식을 총동원해 설명하려 애쓰는 부모의 모습까지. 이곳은 관찰하는 것으로 시작해 배우고 느끼는 공간이 된다. 단순한 경관을 넘어서 여러 생명을 연결하는 산책길인 셈이다.

습지생태원에 연결된 산책로를 따라 다시 나와 수변쉼터와 커뮤니티센터, 화장실에서 잠시 몸과 마음을 정비해 본다. 이어서 세 번째 테마 공간으로 걸어가 보자. 산책로를 걸어 꽃사슴방사장이 있는 곳으로 가 볼 것이다. 나무가 점점 울창해지고 도심의 소음과 더욱 멀어져서 자연의 소리에 귀기울일 수 있다. 만약 자연 그대로의 풍경을 더 짙게 느끼고 싶다면 산책길 말고 커뮤니티센터에서 보행전망교로 잠시 올라가 걸어 보는 것도 좋다. 시원한 바람과 함께 주변 풍경이 한눈에 들어온다. 서울숲에서 가장 '자연 그대로'의 모습을 간직한 곳이니 흔치 않은 서울의 모습을 마음껏 눈에 담아 보자.

이제 꽃사슴방사장에 도착했다. 너른 공간에서 고라니와 꽃사슴이 유유자적한 시간을 보낸다. 사람들은 이곳에 있는 동물을 예쁘고 귀엽게 보기보다는 자연의 일부로서 바라본다. 사슴과 잠시 눈이 마주쳤지만, 사슴은 나를 잠깐 바라보고는 다시 고개를 돌려 일상을 보낸다.

서울숲 산책의 마지막 코스는 자연체험학습원이다. 이곳은 모든 감각을 열고 자연을 온전히 느낀 산책에 마지막 인사를 건네는 듯한 공간이다. 꽃사슴방사장을 지나 한적한 벚나무길을 따라 걸으면 어느새 길은 서울숲 주차장 방향으로 이어지고, 그 끝자락에서 곤충식물원과 나비정원이 모습을 드러낸다. 처음 보는 사람에게는 조금 소박하게 느껴질지도 모르지만, 이곳에는 자연을 가까이서 들여다볼 수 있는 작은 풍경이 담겨 있다.

곤충식물원 안에서는 다양한 곤충이 살아가는 모습

을 볼 수 있고, 온실 속에 조성된 공간에서는 계절을 초월한 식물들이 자라고 있다. 들꽃 하나하나의 모양을 관찰하거나, 나비가 천천히 날아다니는 모습을 따라가 본다. 서울숲을 자주 찾고 싶은 사람으로서 작은 바람이 하나 있다면 곤충식물원의 콘셉트를 '관찰'에서 '동행'으로 바꿨으면 한다. 유리 벽 너머를 바라보는 게 아니라 방문객이 곤충과 같은 공간을 공유하며 걷는 구조라면 어떨까? 나무 울타리만으로 공간을 구분하고, 일부는 직접 걸어 들어가 볼 수 있는 체험형 산책로로 바뀐다면 좋을 것 같다. 특별한 준비 없이도, 그냥 걷고 바라보는 것만으로도 자연이 얼마나 다양한 이야기를 품고 있는지를 새삼 느끼게 되지 않을까?

다시 도심 쪽으로 방향을 튼다. 자동차 소리가 점점 크게 들려오고 높은 빌딩들이 시야에 들어온다. 그러나 마음속에는 여전히 서울숲의 푸른 기운이 남아 있다. 서울은 빠르고 복잡한 것으로만 이루어져 있지는 않다. 서울 속 서울숲은 잠시 숨을 고르고 자신과 세상을 돌아볼 수 있는, 도시 한가운데의 특별한 쉼터다. 바쁜 일상에서 멈춰 서는 순간을, 자연과 연결되는 감각을, 그리고 무엇보다 '자연 속에 내가 서 있다'는 존재감을 인식하게 해 준다.

무심하게 지나쳤던 자연을 새롭게 들여다보는 경험은 느슨하지만 여운이 깊다. 특별한 장면 없이도 마음을 움직인다. 흙길의 거친 감촉, 나무와 풀의 향기, 바람이 어우러진 자연의 오케스트라가 만든 조화로운 기억은 발걸음을 또다시 서울숲으로 이끌어 줄 것이다.

🔍 더 알아보기
서울숲의 탄생

이곳은 불과 몇십 년 전만 해도 경마장과 골프장이 나란히 위치한 공간이었다. 1954년 뚝섬경마장이 들어선 이후로 주말이면 경마 팬들이 몰려들었다. 오랫동안 이곳에는 함성과 환호가 울려 퍼졌다. 바로 옆에는 골프장이 있었다. 1968년에 문을 연 골프 연습장은 서울에서 극 초기에 지어진 골프장 중 하나였다. 지금의 숲길과 습지, 수변 쉼터가 당시에는 잔디 필드였던 셈이다.

하지만 이는 일부 계층의 여가를 위한 시설로, 공간의 혜택을 모두가 누리지는 못했다. 더불어 도심 속 경마장과 골프장에 대한 부정적인 의견이 나올 때쯤 경마장이 과천으로 이전하면서 이 부지의 활용 방안에 대한 논의가 이루어졌다. 그중 도심 속 녹지 공간의 필요성이 가장 컸기에 서울시는 이곳을 공공용지로 활용하기로 결정했다.

이때 단순한 용도 변화가 아닌 접근성의 전환을 시도했고, 그 결과 시민 누구나 자유롭게 드나들 수 있는 대중 공간이 탄생했다. 오직 일부 사람만이 향유하던 땅이, 이제는 누구나 느린 걸음으로 거닐 수 있는 숲이 되었다.

▧

• **군마상과 조각정원** | 사실 이곳을 특별하게 만들어 주는 것은 바로 거울연못 옆 군데군데 놓인 조각 작품이다. 띄엄띄엄 심어진 나무들 사이로 거대한 조각 작품들이 불쑥 나타난다. 벤치와 테이블 옆에 놓인 설치 미술도 이곳을 찾은 이들의 휴식을 아름답게 만들어 준다. 걷기만 해도 자연과 예술이 조용히 대화하는 느낌이다.

여섯 마리의 말이 역동적으로 달리는 '군마상'은 서울숲의 상징처럼 가장 먼저 만나게 되는 작품이다. 이곳이 경마장이었다는 역사적 사실을 알려 준다. 듬직하게 걷고 있는 남성의 모습 안에 나란히 걷는 여성을 함께 표현한 '함께 걷기'는 바라보는 위치에 따라 작품이 달라져서 신기한 느낌이 든다. 두 손을 꼭 마주 잡은 '약속의 손 Ⅱ' 앞에서는 모든 사람이 같은 포즈를 취한다. 나 자신과의 약속을, 가족과의 약속을, 소중한 이들과의 약속을 재확인하며 충실한 삶을 다짐하는 듯하다.

- **꽃사슴방사장** | 서울숲에 사슴이 있는 이유가 자못 궁금해진다. 사실 이곳은 서울숲의 역사적 맥락을 계승하는 상징적인 장소라 해도 과언이 아니다. 서울숲이 위치한 지금의 뚝섬 일대는 조선시대부터 왕실 전용 목장 및 사냥터로 사용되었다. 한강이 내려다보이는 넓은 평지였고, 한양에서 그리 멀지 않았기에 사냥용 동물을 기르거나 훈련하는 곳으로 사용한 것이다. 조선시대에는 왕이 사냥하는 것을 군사 훈련의 의미로 여겼기에 엄격한 관리가 이루어졌다.

　조선시대 왕이 사슴을 사냥하던 땅에, 오늘날 사슴과 평화롭게 한 공간에서 시간을 보내고 있다. 시간의 흐름 속에서 인간과 동물의 관계가 변했음을 느낀다. 오래전 권력의 공간이 시민의 공간으로 바뀐 만큼 서울숲의 사슴은 단순히 전시된 동물이 아니라 과거와 현재를 잇는 역사의 증인 같다.

· 참고문헌 ·

단행본

• 김도형.『순성의 즐거움』. 효형출판, 2010.

• 김동진.『헐버트의 꿈 조선은 피어나리!』. 참좋은친구, 2019.

• 김영훈.『단어로 읽는 5분 한국사』. 글담출판사, 2018.

• 박찬희.『박물관의 최전선』. 빨간소금, 2021.

• 배한철.『국보, 역사의 명장면을 담다』. 매일경제신문사, 2020.

• 신희권.『창덕궁, 왕의 마음을 훔치다』. 북촌, 2019.

• 이현군.『옛 지도를 들고 서울을 걷다』. 청어람미디어, 2009.

• 이에나가 유코.『북촌 한옥마을의 서울학적 연구』. 민속원, 2013.

• 윤진영 외.『한강의 섬』. 마티, 2009.

• 조광권.『청계천에서 역사와 정치를 본다』. 여성신문사, 2005.

• 조재모.『궁궐, 조선을 말하다』. 아트북스, 2012.

• 전택부.『양화진 선교사 열전』. 홍성사, 2005.

• 정명희.『한번쯤, 큐레이터: 박물관으로 출근합니다』. 사회평론아카 데미, 2021.

• 최준식.『동 북촌 이야기』. 주류성, 2018.

• 최준식.『서 북촌 이야기』상. 주류성, 2018.

• 최준식.『서 북촌 이야기』하. 주류성, 2019.

• 홍순민.『홍순민의 한양읽기: 도성』. 눌와, 2017.

• 유현준.『도시는 무엇으로 사는가』. 을유문화사, 2015.

신문

- 정노천. 「'양화나루'의 어원」. 영능포투네비, 2022년 10월 10일. https://www.ydptoday.com/news/articleView.html?idxno=15215

웹사이트

- ANTIEGG. 「새로워진 광화문광장의 놀라운 변화 세 가지」. https://antiegg.kr/8887 (접속일: 2025-10-20).
- 궁능유적본부. https://royal.khs.go.kr/ROYAL/main/index.do
- 국가유산포털. https://www.heritage.go.kr
- 국립중앙박물관. https://www.museum.go.kr
- 국립중앙박물관. 「박물관신문」. https://webzine.museum.go.kr
- 전쟁기념관. https://www.warmemo.or.kr
- 전통문화포털. https://www.kculture.or.kr/main/kculture
- 전주이씨대동종약원. http://www.rfo.co.kr
- 서울시설공단. 「청계천」. https://www.sisul.or.kr/open_content/cheonggye
- 서울역사박물관. 「백인제가옥」. https://museum.seoul.go.kr/www/intro/annexIntro/annex_22/annex_22_03.jsp?sso=ok
- 서울연구데이터서비스. https://data.si.re.kr
- 서울열린데이터광장. 「서울시 등록인구 통계」. data.seoul.go.kr/dataList/419/S/2/datasetView.do
- 서울정보소통광장. 「그때는 차도, 지금은 열린 광장! 광화문광장 변천사」. opengov.seoul.go.kr/mediahub/33085518

- 서울특별시. 「서울시 전통시장 소개」. https://news.seoul.go.kr/economy/archives/562808
- 서울의 공원. https://parks.seoul.go.kr
- 한강공원. https://hangang.seoul.go.kr
- 서울한옥포털. 「한옥자료」. https://hanok.seoul.go.kr/front/kor/info/infoHanok.do?tab=1
- 서울한양도성. https://seoulcitywall.seoul.go.kr
- 양화진외국인선교사묘원. https://yanghwajin.net
- N서울타워. 「N서울타워 소개」. https://www.nseoultower.co.kr/global/intro.asp
- 한국민속대백과사전. https://folkency.nfm.go.kr